よくわかる 日本の最新科学 ニュース

研究者たちの挑戦と発見をみてみよう

一方向だけに物を動かすゲル

スーパー量子コンピュータの実現

生きた皮膚をもつロボット

人工光合成…

はじめに

　科学技術文明に身を置く私たちの生活は、さまざまなテクノロジーの恩恵の下で成り立っています。IT、エネルギー、新素材など、各分野の科学技術が人類の活動を支えてきました。

　科学技術の進歩が私たちの生活を徐々に変えていき、20年30年と時間を経てから思い返すと、その変化の大きさには驚くことも多いことでしょう。現代は特にSDGsやカーボンニュートラルに脚光が集まっており、このまま時が進めば20年後の生活様式は大幅に変わっているかもしれません。

　このように、これまで科学技術はひたすら進歩を続けてきましたが、それは決して一朝一夕で成し遂げられてきたものではありません。その影には最終的に日の目を見なかった技術も数多くあるでしょう。そのような数多の"当時の未来技術"の上に、現在の科学技術が成り立っています。

　科学に興味のある方であれば、そんな未来に繋がる新技術を目にするたびワクワクしてしまうものだと思いますが、いかんせん科学技術は分野が幅広く全ての情報にアンテナを張るのは不可能と言わざるを得ません。

　そこで、さまざまな分野の科学技術からいくつかピックアップを行い、少しでも皆さんにお届けしようというのが本書の主旨となります。

　本書は2023年春〜2024年夏にかけて月刊I/O誌に掲載された記事より抜粋したものを集めて掲載しています。
　掲載した技術がすべて実用化にまで至ることは難しいかもしれませんが、"これが未来の当たり前"になったら生活はどう変わるだろうなどと思いを馳せながら読んでいただければ幸いです。

勝田　有一朗

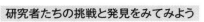

CONTENTS

はじめに 3

第1章　未来を変える新技術
- **[1-1]** 人工光合成 7
- **[1-2]** 人間拡張基盤での味覚共有 13
- **[1-3]** カーボン系材料のみの電子回路 19
- **[1-4]** 30TB超HDDを実現するHAMR、MAMR 25
- **[1-5]** 生きた皮膚をもつロボット 31

第2章　通信の新技術
- **[2-1]** ミリ波を曲げてエリア拡大、NTTドコモの透過型メタサーフェス 36
- **[2-2]** 5G時代の最先端光通信技術でスーパー量子コンピュータ実現へ 43
- **[2-3]** サブテラヘルツ帯で毎秒1.4テラビット無線伝送に成功 48
- **[2-4]** 興味のある話だけを抜き出す音声信号処理「ConceptBeam」 54
- **[2-5]** 300GHz帯でのビームフォーミングと高速データ伝送 59
- **[2-6]** 世界最高クラスのサブテラヘルツ帯無線デバイス 64

第3章　素材の新技術
- **[3-1]** 力の左右を見分ける力学極性ゲル 72
- **[3-2]** 自動で折りたたんで立体化する折紙シート 79
- **[3-3]** テラヘルツ波を高速検出するための吸収体 85
- **[3-4]** 水中でも使える超薄型有機太陽電池 91
- **[3-5]** 新素材の二次元材料テープ 98
- **[3-6]** バイオミネラル液晶で形成されるフォトニック材料 104

第4章　光の新技術
- **[4-1]** 埋込フォトダイオードでエミー賞受賞 109
- **[4-2]** 光ファイバでの電力供給技術 112
- **[4-3]** 2023年ノーベル物理学賞「アト秒パルス光」 117
- **[4-4]** 高指向性オプティクスフリー深紫外LED 122
- **[4-5]** 日亜化学レーザーダイオード技術者がアカデミー科学技術賞を受賞 128

第5章　最新科学技術にアンテナを張ろう
- 科学系ニュースサイト 133
- 国立研究機関系Webサイト 134
- 企業研究所系Webサイト 137
- 世界的権威ある学術賞も要チェック 139

索引 141

●各製品名は、一般的に各社の登録商標または商標ですが、®およびTMは省略しています。
●本書に掲載しているサービスやアプリの情報は執筆時点のものです。今後、価格や利用の
　可否が変更される可能性もあります。

第1章

未来を変える新技術

この章では、人工光合成や、人間の機能の拡張、生きた皮膚をもつロボットなど、
私たちの生活を変えそうな技術について解説します。

1-1

人工光合成

　カーボンニュートラル実現にも大きく寄与する二酸化炭素削減技術のひとつ、
「人工光合成」を、NTTの新技術のキーポイントなどを中心に紹介します。

連続350時間の長時間人工光合成に成功

　NTTは2023年10月27日、太陽光エネルギーを利用する半導体光触媒と、
二酸化炭素を還元する金属触媒の電極とを組み合わせた「人工光合成デバイス」
を作製し、世界最長となる「350時間」の連続炭素固定を実現したとの発表を行
ないました。

カーボンニュートラルに向けて

　地球温暖化の要因のひとつとされる二酸化炭素。その排出を抑える「脱炭素」
に向けた取り組みが世界規模で加速している昨今です。また、より現実的な目
標として「カーボンニュートラル」(二酸化炭素排出量をプラマイゼロにする)
という言葉もよく耳にするようになりました。

　カーボンニュートラルへの取り組みとしては再生可能エネルギーの利用や、
超低消費電力技術の開発などが挙げられます。NTTも「IOWN構想」(Innovative
Optical and Wireless Network)という、超高速大容量かつ超低消費電力の
インフラ構築を目標としたカーボンニュートラルへの取り組みを掲げています
(図1-1)。

7

第1章 未来を変える新技術

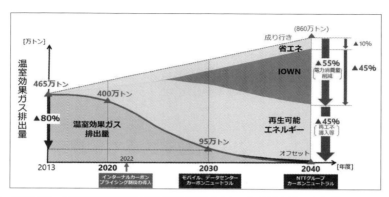

図1-1 NTTグループにおける温室効果ガス排出量削減イメージ。再生可能エネルギーとIOWNによって2040年にグループ内でのカーボンニュートラル達成を目指す（NTTニュースリリースより）

　また、カーボンニュートラルへの別方向からのアプローチとしては、排出された二酸化炭素を回収するというものも挙げられます。今回紹介する人工光合成も、この回収というアプローチで二酸化炭素削減へ向かう技術になります。

人工光合成とは

　植物が行なう光合成は「光、水、二酸化炭素」から「酸素と栄養（糖）」を作り出します。

　一方、人工光合成の場合「光、水、二酸化炭素」を「一酸化炭素、ギ酸、酸素」に変換して固定化します（図1-2）。

　人工光合成のシステムは半導体や触媒などの無機物で構成され、植物の光合成を超えるような二酸化炭素変換性能をもつ人工光合成の研究開発が世界中で行なわれています。

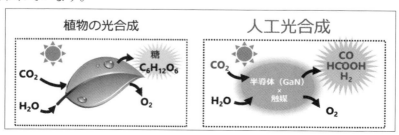

図1-2　植物の光合成と人工光合成の違い（NTTニュースリリースより）

[1-1] 人工光合成

余談ですが、人工光合成によって変換されるギ酸（HCOOH）は、水素のキャリアとしても注目されています。ギ酸は触媒を用いて水素と二酸化炭素へ連続変換できることから「ギ酸→水素→燃料電池」で連続発電するシステムが考えられています。

つまり、人工光合成は、エネルギーをギ酸というかたちで蓄積する発電システムにもなるのです。

クリーンエネルギーのひとつである燃料電池は燃料となる水素の供給や運搬が大きな課題でしたが、ギ酸はその解決策のひとつになり得るかもしれません。

なお、ギ酸から生じた二酸化炭素は再び人工光合成に用いることで回収再生が可能です。

人工光合成の課題点

世界中でさまざまな研究が進められてきた人工光合成では特に、高い変換効率を実現するための触媒に関する研究が盛んでした。一方で連続した二酸化炭素変換の試験時間は「数時間〜数十時間」レベルに留まっており、長時間化に向けた劣化抑制の技術確立が課題となっていました。

人工光合成は半導体光触媒を用いた酸化電極と、金属触媒を用いた還元電極から構成されており、実用化に向けた具体的な課題としては腐食等による劣化の抑制、長時間の反応に耐え得る長寿命な電極設計が求められています。

また、これまで人工光合成は水溶液中の二酸化炭素を還元する手法が広く用いられていましたが、水溶液中の二酸化炭素の量には限りがあり副反応も起こりやすいため、二酸化炭素を選択的に変換する電極構造やデバイス設計が必要とされていました。

第1章 未来を変える新技術

気相の二酸化炭素を変換

今回NTTが発表した研究成果は、気相の二酸化炭素を長時間連続でより効率的に変換可能な人工光合成を目指したものです。

長寿命な半導体光触媒電極と、電解質膜と一体化したことで気相の二酸化炭素変換を可能にした繊維状の金属触媒電極で構成された人工光合成デバイスが設計されました(図1-3)。

図1-3 作製した実験用デバイス(NTTニュースリリースより)

NTTの人工光合成システムの大きな技術ポイントは次の2つです(図1-4)。

①半導体光触媒電極の劣化反応抑制技術

半導体光触媒として用いている窒化ガリウム(GaN)系電極は、窒化ガリウム表面と水溶液の界面で生じる劣化反応の抑制が課題とされていました。

そこで、窒化ガリウム表面の凸凹をより滑らかにし、光を充分に透過する厚さ「2nm」の均一な酸化ニッケル(NiO)薄膜を保護層として形成することで、窒化ガリウムと水溶液の接触を防ぎ、電極の劣化を大幅に抑制できたとのことです。

[1-1] 人工光合成

②気相二酸化炭素の変換技術

今回、気相の二酸化炭素を変換するために、二酸化炭素の拡散性の高い繊維状金属と、二酸化炭素変換反応に必要なプロトンを反応場に供給するための電解質膜を一体化した電極構造が考案されました。

これにより水溶液中に電極を浸漬させる必要がなくなり、気相の二酸化炭素を直接変換できるようになって、従来に比べ「10倍以上」の二酸化炭素変換効率を実現できたとしています。

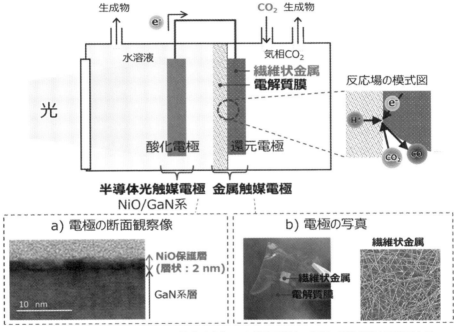

図1-4 人工光合成の概略図。NiO薄膜が形成された酸化電極と、気相二酸化炭素を変換できる還元電極が特徴(NTTニュースリリースより)

第1章 未来を変える新技術

単位面積当たりのスギが年間に固定する炭素量を上回る性能

作製した人工光合成デバイスに疑似太陽光を照射し試験を行なった結果、半導体光触媒を用いた人工光合成において世界最長の「350時間」連続動作を達成。「350時間」連続して二酸化炭素が一酸化炭素やギ酸に変換されたことが確認されました。

単位面積当たりの累積炭素固定量は「420g/平方m」に達し、この炭素固定量は樹木（スギ）1本が「約1年間」かけて固定する「1平方m」当たりの二酸化炭素を上回る量に相当するとのことです（図1-5）。

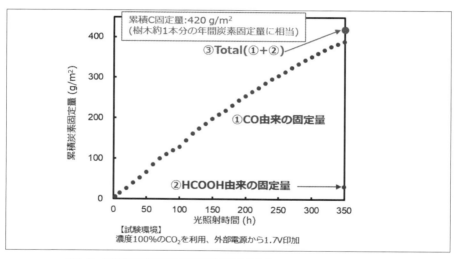

図1-5　光照射時間に対する炭素固定量の変化（NTTニュースリリースより）

今後の展開

NTTは今後の展開として、より高性能な人工光合成反応を実現するために、電極での反応の更なる高効率化、電極の長寿命化およびこれらの両立を目指すとしています。

カーボンニュートラル実現のため、太陽光エネルギーを用いた二酸化炭素削減技術のひとつとして今後も注目していきたい技術です。

[1-2] 人間拡張基盤での味覚共有

1-2
人間拡張基盤での味覚共有

6Gネットワーク上で味覚を共有・再現できる、「人間拡張基盤」での味覚共有を紹介します。

「人間拡張基盤」で味覚を共有する技術

2023年12月21日、明治大学総合数理学部宮下芳明研究室（以下、宮下研究室）、(株)NTTドコモ（以下、NTTドコモ）、H2L(株)（以下、H2L）は、宮下研究室とH2Lが研究開発した味覚を再現する技術と、NTTドコモが開発した「人間拡張基盤」とを連携し、相手の感じ方に合わせた味覚共有の技術を開発したと発表しました。

相手の感じ方に合わせた味覚を供給する基盤技術の開発は世界初になるとのことです。

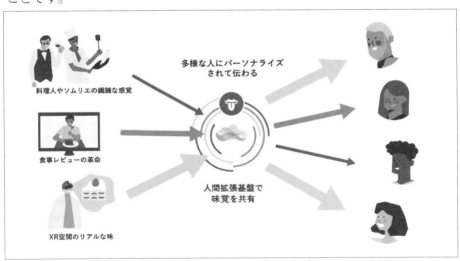

図 1-6 味覚の共有は、まったく新しいコミュニケーションやコンテンツを生み出す
（明治大学プレスリリースより）

第1章　未来を変える新技術

「人間拡張基盤」とは

　今回紹介する味覚共有技術は複数の技術によって構成されています。そのうちのひとつ「人間拡張基盤」は「6G」時代の新たな提供価値としてNTTドコモが開発しているもので、超低遅延の「6G」を活かして人間の感覚を拡張する「人間拡張」を実現する基盤として、2022年1月に登場しました。

　NTTドコモは「人間拡張基盤」の目標として「身体のユビキタス化」、「スキルの共有」、「感情の伝達」、「五感の共有」、「テレパシー・テレキネシス」を挙げています。
　そして「人間拡張基盤」で最初に実装されたのが「身体のユビキタス化」および「スキルの共有」の実現に向けた「動作の共有」です。センシングデバイスで得られた動きを記録してロボットと共有したり、動作を再現する**「アクチュエーションデバイス」**を通じて人に動作を教示するなどの活用が考えられています。

　「人間拡張基盤」には、人体やロボットの大きさ・骨格などの身体情報を比較して差分を考慮するシステムが組み込まれているので、骨格やサイズの異なる人やロボット同士でも無理の無い自然な動作伝達が可能で、「6G」の超低遅延モバイルネットワークを利用することで場所を選ばず人間の身体を拡張できるようになるとしています。

　また「人間拡張基盤」に接続してセンシングされた動作データは基盤上に蓄積できるので、過去に記録した動作を現在の人で再現することも可能です。場所だけでなく時間も超えて動きを再現できるのが特徴です。

　NTTドコモでは本基盤を通してパートナー企業のさまざまなデバイスの相互接続を可能とするため、デバイス開発者向けに開発キット（SDK）も提供しています。

14

[1-2] 人間拡張基盤での味覚共有

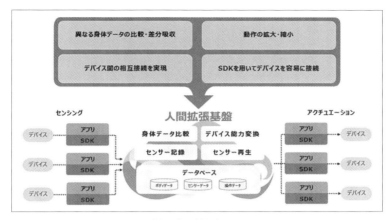

図1-7 「人間拡張基盤」のイメージ図。
センシングデバイスとアクチュエーションデバイスを容易に接続できる環境及び、
データ蓄積や個人差補正を行なうシステムが提供される(NTTドコモプレスリリースより)

　2023年1月には次のステップとして「触覚」を共有する「FEEL TECH」が開発されます。圧電素子などのセンシングデバイスを用いてモノに触れたときの振動を計測し、振動子などのアクチュエーションデバイスを用いてその振動を再生することで触覚を再現します。振動は視覚映像と合わせた形で共有されますが、振動と映像の同期に「6G」の超低遅延通信が活かされます。

　また共有相手の触覚に対する感度特性を事前に取得し、それを踏まえた補正を行なうことで、より感じ取りやすい触覚共有を実現します。動作共有の部分でもありましたが、単純に同じデータを再生するのではなく、個人差を考慮した補正を行なうのが「人間共有基盤」の特徴と言えます。

　「FEEL TECH」の実現で、映像や音、文字や言葉による表現だけでは伝えきれなかった感覚を相手に共有することが可能となるため、医療や伝統工芸などの感覚を重視する技術への活用が期待できるとしています。

第1章 未来を変える新技術

味覚共有のしくみ

そして今回の発表で「動作共有」「触覚共有」に続き、「味覚共有」が「人間拡張基盤」に新しく加わったというかたちです。

味覚共有は、主に3つ技術で構成されています。
① 味覚データを把握する機器（センシングデバイス）
② 味覚の感度に対する個人差を推定し共有（人間拡張基盤）
③ 味覚を再現する駆動機器（アクチュエーションデバイス）

味覚のセンシングデバイス、いわゆる味覚センサはすでに広く実用化されており、さまざまな分野で活用されています。

「人間拡張基盤」は先に紹介した通りNTTドコモが開発を行ない、味覚の個人差補正の調査研究はH2Lが担当しています。

味覚は個人差が大きく、たとえば辛味に敏感な人と鈍感な人で同じ辛さに対する反応が異なるのは想像に難くないです。このような個人差を補正するため、共有相手の味覚の感じ方を事前取得した約25項目のデータから独自アルゴリズムで分析します。

センシングデバイスで分析・数値化した味覚データに加え、個人差のデータを「人間拡張基盤」上でマイニングにかけることで、伝えたい味を相手に合わせデータ化します。

そして味覚を再現するアクチュエーションデバイスには、宮下研究室が独自開発した味覚再現デバイス「TTTV3」が用いられています。

図1-8 「TTTV3」（写真左）のほかに、ボトル型「TTVin」（写真右）、試作中のスプーン・フォーク型（写真手前）といった味覚再現デバイスがある（明治大学プレスリリースより）

[1-2] 人間拡張基盤での味覚共有

味覚再現デバイス「TTTV3」

「TTTV3」は、味の基本となる「五味」(甘味、酸味、塩味、苦味、うま味)を、20種類の味覚標準液から混合噴射、調合して再現する味覚再現デバイスです。

「TTTV3」は「0.02ml単位」という、プロの料理人よりも細やかな味制御が可能で、一味に対して複数の溶液を用いることで風味を近づけることができます。

また、アルカリ性物質の添加による中和、味覚修飾物質の活用、他の味によるマスキング効果を利用することで元の食品の味よりも特定の味を薄く感じさせる「味の減算」も行なえます。味のタンクは「20タンク」、各タンク「1000段階」で制御できるため「10の60乗(1那由他)通り」の味の組み合わせを再現可能。ワインやカカオ、梅干しなど、産地や品種の違いまで再現できるようになっているとのことです。

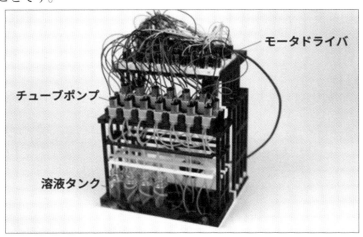

図1-9 「TTTV3」の内部構造。沢山の溶液タンクを内蔵している(明治大学プレスリリースより)

第1章　未来を変える新技術

メタバースや映画・アニメで活用

「6G」時代、モバイルネットワークは「100Gbps」を超える高速通信、超低遅延、超多接続となります。

本技術を「6G」時代のまったく新しいコミュニケーションとしてメタバース空間や、映画・アニメなどのコンテンツに活用することで、事業者はより魅力的なコンテンツ提供が可能となり、ユーザーは臨場感溢れるリッチな体験が可能になると考えられます。

たとえば、メタバース中で提供される仮想的な食べ物や飲み物について、これまでの視覚・聴覚に加えて味覚も再現可能となります。友だちと集まってケーキをシェアしたり、デジタル空間で料理を共有したりすることができるでしょう。「6Gネットワーク」でいつでもどこでも、リアルタイムにこれらの体験がきるようになることが期待されます。

そして映画やアニメでは、現実に存在しない味の体験も可能となります。たとえば、未来の食事や古代の食事など、作者が思い描いた味覚を視聴者にそのまま伝えることができるのです。

また、味覚は個人差が大きく年齢によっても感じ方が変化していきます。大人であれば平気な味も、子供からするととてもマズイということが多々あることはよく知られています。こういった味覚の違いを本技術で実際に体験してみることも可能でしょう。たとえば"作中で子供が感じている味覚"をそのまま体験するといったこともできてしまうのです。

次は嗅覚

味を感じるには、味そのものに加えて「匂い」がとても重要であることが知られています。宮下研究室、NTTドコモ、H2Lは、本技術の開発の成果を通じて、次は「嗅覚」の開発に取り組むとのことです。

そうして新しいコミュニケーション文化の創造、新しい価値提供をめざし、人々が豊かに生活できる社会の実現に貢献していきたいとしています。

[1-3] カーボン系材料のみの電子回路

1-3 カーボン系材料のみの電子回路

　将来の電子ゴミ問題を解決し、新たな社会の基盤技術にもなり得る「カーボン系材料のみの電子回路」を紹介します。

金属を使わない電子回路

　東京大学とNTTの研究チームは、パイクリスタル（株）、東京工業大学とともに、金属元素を全く含まない、全てがカーボン系の材料から成る「相補型集積回路」を開発したと発表しました（図1）。この集積回路で構成されたアナログ・デジタル回路は室温大気下で安定に動作し「4bit信号」の出力デバイスとして動作します。

　ここでは、なぜこのような金属を使わない電子回路が求められるのか、どのようにしてそれを実現したのかといった点にスポットを当てて紹介していきます。

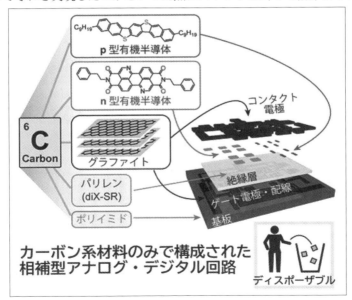

図1-10　カーボン系材料のみで構成された電子回路のイメージ図（NTTニュースリリースより）

第1章　未来を変える新技術

捨てるのが難しい電子デバイス

　近年の情報化社会の発展に伴い、使用済みの電子デバイスなどに起因する**電子ゴミ(e-waste)**の増加が世界的な問題になっています。

　これらの電子ゴミには、重金属(鉛、水銀、カドミウムなど)や臭化物難燃材といった有害物質を含むものが多い上に、金や銀、プラチナなどの希少元素も含まれており、有効な処理/リサイクルが必要とされます。

使い捨て前提の電子デバイスも

　ただでさえ電子デバイスの処理/リサイクルは問題となっているのに、昨今では最初から使い捨てを前提に開発された電子デバイスも増えてきています。

　使い捨て前提の電子デバイスには、以下のような例が挙げられます。

・**医療用センサ**
患者の血糖値測定や、体温、心拍数をモニタリングするためのセンサなど。

・**RFIDタグ**
商品の追跡や在庫管理に使用される。医療機器や患者の管理にも。

・**イベント用リストバンド**
イベントの入場管理や決済に使用される。

　特に医療分野では患者間での使いまわしが無いように使い捨てが基本なので、電子デバイスもどんどん使い捨てです。

　これらの使い捨て電子デバイスは、用途によっては回収リサイクルされているものもありますが、多くは廃棄処分となっています。

[1-3]カーボン系材料のみの電子回路

ディスポーザブルエレクトロニクスを目指して

　使用後すぐに捨てることを前提に、環境負荷が最小限になるよう完全に分解／リサイクルできる設計にした使い捨て電子デバイスを「**ディスポーザブルエレクトロニクス**」といいます。

　ディスポーザブルエレクトロニクスはさまざまな分野で大きな可能性を秘めていますが、そこへ到達するためには解決しなければならない環境問題を抱えています。主な問題点は次のとおり。

・廃棄物問題

　ディスポーザブルエレクトロニクスは大量の廃棄物が発生するため、適切に処理されなければ土壌汚染／水質汚染といった環境問題になる可能性があります。

・資源問題

　使い捨て前提の電子デバイスに希少な資源を割くのは如何なものかという問題です。

・有害物質問題

　電子デバイスには鉛やカドミウムなどの有害物質が含まれているものがあります。これらの有害物質は、適切に処理されない場合は、人体や環境に悪影響を及ぼす可能性があります。

　そして、これらの環境問題を解決するためには、次のような取り組みが必要です。

・回収リサイクルの推進

　ディスポーザブルエレクトロニクスを回収リサイクルしやすいように材料や設計を見直し、回収リサイクルインフラを整備する必要があります。

・有害物質の使用制限

　有害物質の使用を制限するための規制が必要です。

・消費者の意識改革

　ディスポーザブルエレクトロニクスの環境問題について理解してもらい、適切に廃棄するよう啓蒙する必要があります。

第1章　未来を変える新技術

捨てられても問題の無い電子デバイスを

　今回発表を行なった研究グループもディスポーザブルエレクトロニクスに着目しており、電子デバイスがリサイクルされず自然環境下に廃棄されたとしても問題にならないよう「有害物質を含まない電池と電子回路」という研究成果を2022年に発表しています。

　今回は更に検討を進め、限りある希少資源を使わないという考えにも着目し、金属元素を含まずにカーボン系材料のみで構成した電子回路を開発したという経緯になります。

金属フリーな有機トランジスタの開発

　ディスポーザブルエレクトロニクスはその目的上、低コストで大量生産可能な有機トランジスタの利用が望ましいです。

　東京大学は従来より、印刷技術を応用して成膜可能かつ高いキャリア移動度を有する高性能なp型およびn型の有機半導体材料「C9-DNBDT」と「PhC2-BQQDI」の研究に取り組んでおり、これを用いた有機トランジスタの開発は大きな注目を集めました。

　ただ、一般的な有機トランジスタは電極や絶縁層に金、銀、プラチナなどの貴金属や酸化アルミニウム、酸化ハフニウムなどの金属酸化物を使用する事が多く、素子全体としては依然として金属元素が多く含まれていました。

　今回研究グループは、有機トランジスタを駆動できるカーボン電極とそのパターニングプロセスを新たに開発し、ポリイミドフィルム基板とパリレン絶縁層という高分子材料と組み合わせることで、基板、絶縁層、半導体、電極、配線の全てがカーボン系材料から成る有機トランジスタを開発。それを用いた相補型回路の作製に成功しました(図1-11)。

[1-3] カーボン系材料のみの電子回路

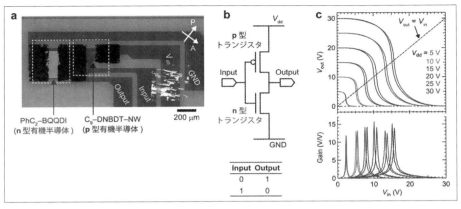

図1-11 全カーボン製の相補型インバータ回路(NTTニュースリリースより)＞

より厳密に金属元素の有無を確かめるため、元素分析とICP-MS(Inductively Coupled Plasma-Mass Spectrometry、誘導結合プラズマ質量分析法)を用いた網羅的かつ高感度な組成分析を詳細に行ない、その結果電子回路中の金属元素の全量は僅か「50ppm」(0.005%)未満であることを確認しています。この値は土壌中のさまざまな金属元素の含有量と比較しても著しく低い値とのことです。

アナログ・デジタル集積回路を作製

研究グループはさらに、通信用回路の実現に向け「アナログ・デジタル集積回路」を今回の技術で作製しました。

具体的には自己発振回路である「**リングオシレータ**」、もっとも基本的な論理回路の一つである「**インバータ**」(**NOT回路**)、記憶素子としても用いられる「**Dフリップフロップ**」、そして「**パラレルデータ**」をシーケンシャルデータに変換するマルチプレクサです。

これらを相互接続して構築した「64個」のp型およびn型トランジスタから成るディスポーザブルな「4-bit ID出力電子回路」を作製。室温大気下であっても安定に動作することを世界で初めて実証しました(図1-12)。

第1章 未来を変える新技術

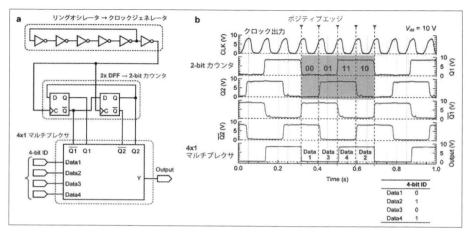

図1-12 全カーボン製のアナログ・デジタル回路から構築した4-bit ID出力デバイス
(NTTニュースリリースより)

今後の展望

　本研究成果により、金属を全く含まない電子デバイスのコンセプトが実証されました。今後はさらなる材料検討やトランジスタの集積度と微細化度の向上を目指すとのことです。
　それらの技術によってリサイクル不要で使い捨てできる無線通信可能な電子タグやセンサデバイスが実現されれば、それらのデバイスを活用した新しいサービスが展開され、ディスポーザブルエレクトロニクスな社会の到来が期待されます。

1-4
30TB超HDDを実現するHAMR、MAMR

これからのHDD大容量化に不可欠な技術「HAMR」「MAMR」を紹介します。

続々発表される30TB超HDD

2024年5月24日、東芝デバイス＆ストレージ（株）（以下、東芝）が次世代磁気記録技術「HAMR」および「MAMR」の両方式において、「容量30TB」を超える3.5インチHDDの実証に成功したと発表しました。

また、先だって2024年1月には、Seagateが「HAMR」を用いて30TB超の3.5インチHDDを実現する新プラットフォーム「Mozaic 3+」を発表しています。

このように相次いで発表される「30TB超」の超大容量HDDですが、それらに共通するキーワードとして「HAMR」や「MAMR」という技術が大きく関わっているようです。

「HAMR」「MAMR」とは

「HAMR」は「Heat-Assisted Magnetic Recording」（熱アシスト磁気記録）の略で、磁気記録の際に補助として熱（レーザー加熱）を利用する方式です。

そして、「MAMR」は「Microwave-Assisted Magnetic Recording」（マイクロ波アシスト磁気記録）の略で、磁気記録の際に補助としてマイクロ波を利用する方式です。

どちらの技術も磁気記録を行なう際にエネルギーアシストを行なう技術で、傾向は似ています。

なぜこのようなアシストの力が必要になるのか、その理由について順を追って見ていきましょう。

第1章 未来を変える新技術

HDD大容量化の歩み

　一般的にHDDは「プラッタ」と呼ばれるディスクが中に組み込まれています。プラッタは磁性体が塗布されたガラスやアルミニウムの円盤で、極小の磁気ヘッドによってその表面の極小さいエリアの磁化方向を書き換えることで情報を記録します。

　HDDを大容量化するには組み込むプラッタの枚数を多くするか、記録密度を向上させる必要があります。近年はヘリウム充填技術によってプラッタを薄くすることが可能になり、従来の「最大5枚」から「最大10枚」へと搭載数が増えたことがHDDの容量増へ大きく寄与していました。しかしさすがにサイズ的な限界もそろそろ近く、またプラッタ枚数の増加は単純にコスト増や故障リスク増にも繋がるため、基本的には記録密度向上によるHDD大容量化がメインの道筋となります。

　記録密度を上げるといことはつまり、磁性体上の1bitあたりの記録面積を微細化するということです。そのための技術として高感度磁気ヘッドや垂直磁気記録などが登場し、一時は順調にHDDの大容量化が進んでいました(**図1-13**)。

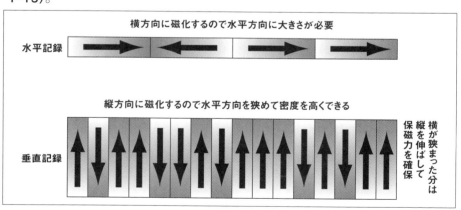

図1-13　水平磁気記録では隣り合うビット同士が影響し合う「隣接反磁界」によって一定以上の高密度化が難しかったが、垂直磁気記録によってその壁を越えられた。

[1-4] 30TB超HDDを実現するHAMR、MAMR

　しかし、やがて高密度化にも限界が訪れます。というのも1bitあたりの記録面積を微細化しすぎると、磁性体の保磁力が低くなり記録内容が簡単に壊れてしまう危険が生じるからです。

　微細化による保磁力低下を補うためには、もっと保磁力の高い磁性体材料を使用する必要があるのですが、そうすると今度は磁気ヘッドによるデータ書き換え自体も困難になる問題が発生してしまいなかなか上手くはいきません。

　このような課題によってHDD大容量化は長年停滞気味でした。

一時的に保磁力を弱らせれば良いのでは？

　以上のような経緯があり、高保磁力の磁性体をどうにか使用できないかと研究開発が進められてきました。そこで誕生した技術が「HAMR」や「MAMR」といったエネルギーアシスト技術です。

　「HAMR」「MAMR」は共に、その本質は磁性体の保磁力を一時的に低下させるところにあります。「HAMR」は熱を、「MAMR」はマイクロ波を用いて、磁性体の保磁力を引き下げます。次にそれぞれの仕組みを見ていきましょう。

「HAMR」の仕組み

　「HAMR」ではデータを書き換える際、書き換えたい箇所の磁性体にレーザー光を照射して瞬間的に加熱します。磁性体は高温になると磁性を失う性質を持っており、磁性を失う温度を「キュリー温度」と言います。キュリー温度近傍まで加熱すると磁性体の保磁力はかなり低くなるため、磁化方向の書き換えも容易に行なえるという寸法です。その後磁性体の温度が下がれば、書き換えた磁化方向のまま再度保磁力が高くなります(図1-14)。

27

第1章 未来を変える新技術

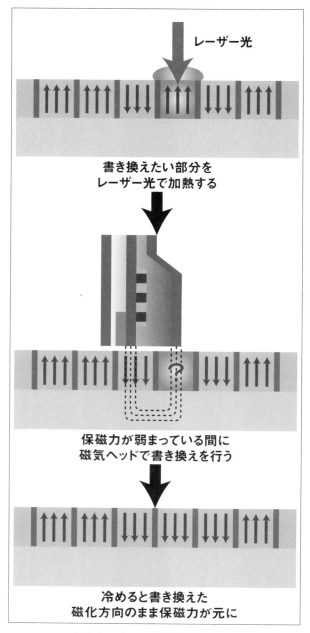

図1-14 「HAMR」の書き換え手順。

[1-4] 30TB超HDDを実現するHAMR、MAMR

「MAMR」の仕組み

「MAMR」では記録ヘッドにマイクロ波発生素子を取り付け、記録磁界にマイクロ波を重畳させて磁性体に印可します。磁性体の磁化との磁気的な相互作用（強磁性共鳴）を生じさせることで記録磁界を大きく歳差運動させ、その結果従来よりも低い記録磁界で磁性体の磁化方向を書き換えられるようになるという仕組みです。「MAS-MAMR」（共鳴型MAMR）とも呼ばれます（図1-15）。

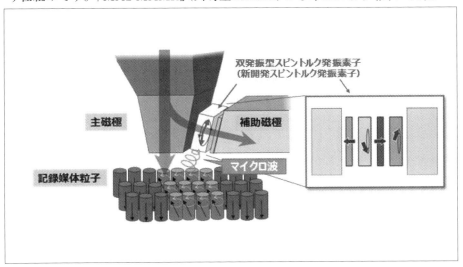

図1-15　東芝開発の「双発振型スピントルク発振素子」を用いた「MAS-MAMR」記録ヘッド技術
（東芝ニュースリリースより）

なお、東芝ではこれより少し簡易にマイクロ波を利用する「FC-MAMR」（磁束制御型MAMR）という方式で「MAMR」のHDDをいち早く商品化しており、「最大22TB」のHDDを販売しています。

第**1**章　未来を変える新技術

「HAMR」と「MAMR」の違い

　「HAMR」と「MAMR」は、どちらもHDDの記録密度を大幅に向上させられるとても有用な技術です。ただそれぞれには相違点があり、異なった利点や課題を抱えます。それらのポイントに注目してみましょう。

・記録密度について

　「HAMR」では磁性体をキュリー温度にまで加熱することで保磁力を限りなく低くできるため、とても保磁力の高い磁性体を使用して超高密度記録を狙うことも可能です。一方「MAMR」は原理上そこまで保磁力を下げられないため、最終的な記録密度では「HAMR」に分があるとされています。

・消費電力について

　レーザー加熱を使用する「HAMR」のほうが消費電力は若干高くなります。

・耐久性について

　磁性体のキュリー温度によりますが「HAMR」では「500℃以上」にレーザー加熱する場合もあり、各所の耐久性が課題となります。一方の「MAMR」は耐久性の面で従来のHDDと大きく変わることは無いでしょう。

　以上のような差異からそれぞれの技術の特徴が見えてきます。「HAMR」は技術的な困難は多いものの記録密度上限が高く、「MAMR」は実用化のハードルは低いものの記録密度上限もそこそこ。といった感じでしょうか。

　実際、「MAMR」を採用したHDDは東芝やWesternDigitalよりすでに一般販売が開始されています。一方の「HAMR」採用HDDについてはSeagateが2024年第1四半期からデータセンター向けの出荷を開始しているので、これからの一般販売が期待されます。

今、HDDがアツイ

　現在、一般ユーザーが使用するパソコンのメインストレージがSSDへ移行して久しく、HDDを1台も搭載しないパソコンも珍しくなくなりました。そのため一般ユーザー目線では"HDDはオワコン"と思われていることも多いと思います。

30

[1-5] 生きた皮膚をもつロボット

しかしデータセンター向けストレージへ目を向けると状況は一変。AIが利用する大規模データの格納場所に、SSDより安価大容量でテープストレージより高速なHDDが「ニアラインストレージ」として大きく需要を伸ばしているのです。

Seagateは2028年までに「40〜50TB」のHDDを実用化すると発表しており、今後HDDの大容量化はますます加速していくでしょう。その恩恵が一般製品まで降りてくれば、家庭内NASや大容量動画データを扱うパワーユーザーにも朗報となるはず。これからはHDDに要注目です。

1-5
生きた皮膚をもつロボット

ヒューマノイド型ロボットのスキンとして最適解になりうる、生きた皮膚のロボットへの被覆技術を紹介します。

培養皮膚をロボットに

2024年6月26日、東京大学大学院情報理工学系研究科の竹内昌治教授と河井理雄氏らを中心とした研究グループより、ヒトの皮膚細胞から作製される「培養皮膚」を利用した、細胞由来の生きた皮膚をもつ顔型ロボットの発表がありました（図1-16）。

ロボットに生きた皮膚を用いるのは少しグロテスクであったり倫理的な抵抗感を覚える部分もありますが、生きた皮膚を用いることにどのような利点があるのか、どのようにしてロボットの表面に皮膚を固定しているのかといった部分を中心に紹介していきます。

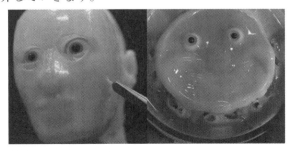

図1-16　生きた皮膚をもつ顔型構造体（左）と笑う顔ロボット（右）（東京大学プレスリリースより）

第**1**章　未来を変える新技術

従来のシリコンゴムでは不充分

　AI技術の発展によりロボットの担う仕事の範囲は今後ますます広がっていくことが予想される現代、私たちの生活圏内に人間のような形で現れ、さまざまな仕事をこなすヒューマノイド型ロボットの登場も遠い未来の話ではなくなりました。

　そしてこのような人間社会でロボットがヒトと協働する時、ロボットは人間やロボット自身を接触から守るために皮膚のような柔らかい外装をもつ必要があります。

　これまでヒューマノイド型ロボットで人間らしい柔らかい皮膚を再現しようとした場合、素材にはシリコンゴムがよく用いられてきました。ただ、研究室内であったり、特定のディスプレイスペースでの展示といった用途であればシリコンゴムのような素材で充分だったかもしれませんが、実際の人間の生活圏でロボットが働く場合、外装となる皮膚にはさらなる機能性が求められます。

　特に柔らかい外装は細かな裂傷を負いやすいため、傷を自分自身で修復する自己修復能力をもつことが期待されています。柔らかい外装が負う小さな傷は放置すると大きな裂傷に繋がるのですぐに修理する必要がありますが、頻繁な修理には莫大なコストがかかるためです。

　また、センシングや放熱（発汗）といった部分でも、シリコンゴムでは何かと不都合な部分が出てくると予想されています。

　東京大学の研究グループではこのような課題に対して、ヒトの皮膚細胞から作られる培養皮膚をロボットスキンにするというアプローチのもと研究開発をすすめてきました。去る2022年6月には生きている皮膚組織に被覆された指型ロボットの研究発表も行なっています。当時の研究では、立体物を被覆する培養皮膚の作製手法や、皮膚につけた切り傷がコラーゲンシートの貼り付けで自己修復することなどが明らかにされました(**図1-17、1-18**)。

[1-5] 生きた皮膚をもつロボット

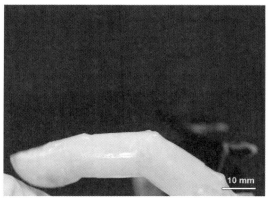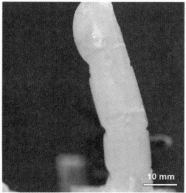

図1-17　生きた皮膚を纏いスムーズに動作する指型ロボット（東京大学プレスリリースより）

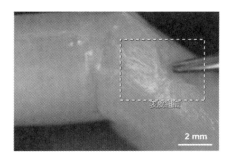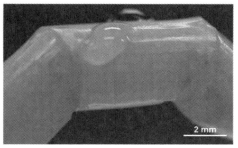

図1-18　表皮組織の確認（左）と、表皮組織の撥水（右）（東京大学プレスリリース）＞

ロボット表面への固定方法が肝心

　皮膚組織をロボットの被覆素材にしようとするときに考えなくてはならないのが、皮膚組織のロボット表面への固定方法です。私たちの皮膚がその下の肉との間で滑ってズレないことからわかるように、皮膚は皮下組織とスムーズに面で接着されています。

　従来の研究において、生体組織を人工物に固定する際は突起状の**アンカー構造**を用いて組織の端点のみを引っ掛ける構造がよく用いられていました。しかし突起が突き出る形状のアンカー構造はロボットのスムーズな見た目を阻害し、動きの干渉となることもあります。

実際の人体においては「**皮膚支帯**」と呼ばれるコラーゲンを主成分とする網目状の繊維構造が皮下組織に存在し、皮膚組織と皮下組織の固定において重要な役割を果たしています。また、この組織は筋肉の動きの皮膚への伝達にも役立っており、特に顔においては表情筋によるスムーズな表情の形成に貢献しています。

研究チームはこの皮膚支帯から着想を得て人工物を「V字」に貫通する穴の内部で皮膚組織をゲル化させて固定する**「穴型アンカー構造」**を開発し、これを用いて生きた培養皮膚に覆われた顔型の構造体を作製しました(**図1-19、1-20**)。

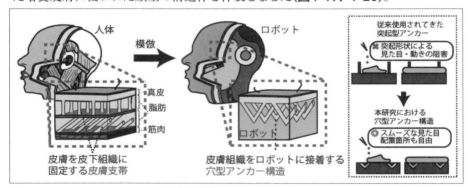

図1-19　人体の皮膚支帯構造を模倣した穴型アンカー構造(東京大学プレスリリースより)

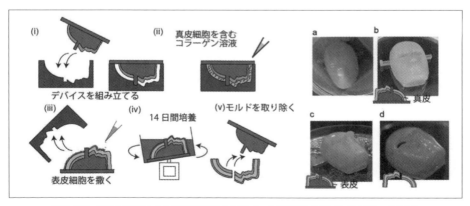

図1-20　皮膚に被覆された顔型構造体の作製プロセス(東京大学プレスリリースより)

[1-5]生きた皮膚をもつロボット

　また、穴型アンカー構造による皮膚組織への動力伝達のデモンストレーションとして、モーターの動力が穴型アンカーを介して皮膚に伝達される、「笑う顔型ロボット」も開発しています(図1-21)。

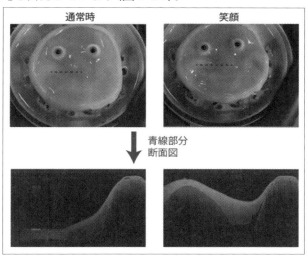

図1-21　デモンストレーション用に開発された笑う顔型ロボット
（東京大学プレスリリースより）

さまざまな応用が期待される

　今回の研究発表では、培養皮膚組織を人工物へスムーズに固定するアンカリング手法の開発が明らかにされました。そのアンカリング手法により生きている皮膚に覆われた顔型構造体を一体化することに成功。またアンカーを移動させることで笑顔を作り出す（表情を変化させる）ことに成功したことも報告されています。

　この研究成果は、人のような見た目と能力をもつソフトロボットの開発に貢献するのはもちろんのこと、皮膚のシワの形成や表情の生理学的解明、化粧品開発や薬剤効能解析のモデル、移植素材に用いる医療分野や環境に優しい生体素材使用の人工物製造分野などなど、幅広い分野への活用・発展が期待されます。

第2章
通信の新技術

この章では、現代社会において欠かせない「通信に関する新技術」について、紹介します。

2-1
ミリ波を曲げてエリア拡大、NTTドコモの透過型メタサーフェス

5Gや6G通信で重要な役割をもつ「ミリ波」のエリア拡大に繋がるNTTドコモの新技術を紹介します。

屋内のミリ波を屋外の建物の足元へ

2023年1月30日、NTTドコモより、屋内のミリ波帯（28GHz帯）電波を窓に張り付けたフィルム形状の「透過型メタサーフェス」で曲げることで、屋外建物の足元をエリア化する実証実験に世界で初めて成功したとの発表がありました。

図2-1　屋内の電波を屋外の建物の足元へ届けるイメージ
（NTTドコモニュースリリースより）

なぜこのような技術が必要なのか、どのようなシーンで本技術が活かされるのか、見ていくことにしましょう。

[2-1] ミリ波を曲げてエリア拡大、NTTドコモの透過型メタサーフェス

エリア拡大が難しいミリ波帯電波

　「第5世代移動通信方式 (5G)」のサービス開始から約4年、5G対応スマホの普及もかなり進んできたように思います。5Gでは通信に使用する電波周波数帯の違いによって「sub6」(3.7GHz帯、4.5GHz帯) と「ミリ波」(28GHz帯) という2つの顔があり、条件や用途によって使い分けできることが大きなメリットのひとつでした。

　特に "5Gでこんなことが実現できる！" として喧伝されていた、①超高速通信、②超低遅延通信、③多人数同時接続、などの通信の未来を感じさせてくれる技術は、基本的にミリ波帯電波を使用したモードで実現されるものです。

　ところが、ミリ波帯電波は障害物を回り込みにくく、伝播距離に応じて減衰しやすいというデメリットを持っています。このデメリットがあまりにも大きすぎるためにミリ波帯電波のエリアを充分に拡げることは難しく (死角が発生しやすい)、ミリ波帯のサービスを充分に提供できていないのが現状です。

ミリ波帯のエリア拡大に取り組むNTTドコモ

　5Gのサービスは開始されたものの、ミリ波帯を充分に活用できていない現状では以前の「4G」に毛が生えた程度の違いしかありません。今後登場するであろう「5G Evolution」や「6G」では、より高い周波数の「テラヘルツ帯」の活用が期待されている部分もあり、高周波数帯電波のエリア拡大技術確立は急務とされています。

　これまでにも、NTTドコモはミリ波帯の通信エリア改善に向けて、

①メタサーフェス技術を用いて屋外基地局の電波を屋内に取り込み屋内のエリア拡大。
②遮蔽物が多い場所において、電波反射板を操作してユーザーを追従することでエリア拡大。

といった技術に取り組んできました。
　今回発表のあった技術は、①の技術の丁度真逆になるものですね。

第2章 通信の新技術

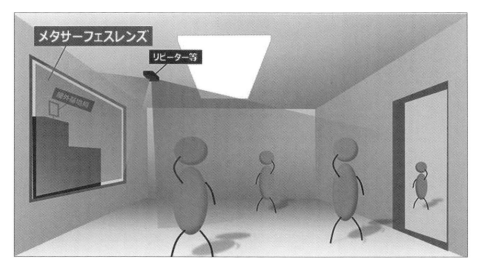

図2-2 屋外の電波を屋内に取り込んで利用する技術（2021年1月）
（NTTドコモニュースリリースより）

電波の死角になりやすい建物の足元付近

　先述したように、高周波帯電波は直進性が高く障害物を回り込むことができません。ミリ波帯のような超高周波帯になればなおさらです。つまり、特に工夫を凝らさない場合、基地局のアンテナを直接見通せるようなエリアでなければ通信ができないのです。

　そして多くの場合、屋外基地局はビルなどの建物の屋上に設置されるため、その基地局を見通しにくい建物の足元付近はエリア化が困難とされてきました。現状では近隣の建造物に基地局を追加して死角を潰していき、エリアを拡げるといった手法がメインとなりますが、景観などの問題で屋外にバンバン基地局を設置するのが難しいケースもあります。

　そこで、屋外に基地局を増やすことなく建物の足元へエリアを拡げようというのが、今回発表のあった技術の目的となります。

[2-1] ミリ波を曲げてエリア拡大、NTTドコモの透過型メタサーフェス

ミリ波帯電波を特定方向に曲げるメタサーフェス

　今回の実証実験で使用した「28GHz帯向け透過型メタサーフェス」には、窓ガラスを通るミリ波帯の電波を特定の方向に（今回は下向きに）曲げるよう設計・加工されたメタサーフェスが用いられています。

　このメタサーフェスはフィルム形状であり、屋内側から窓ガラスに張り付けることができるため、設置が容易で、かつ透明化処理が可能であり、景観や既存のデザインを損なわずに設置できることが特徴としています。

　また、今回の透過型メタサーフェスは、LTEやsub6などの他の周波数帯に影響を与えないように設計されており、他の帯域と並行してミリ波のカバレッジ改善が可能になるとのことです。

図2-3　透過型サーフェスで電波を曲げるイメージ（NTTドコモニュースリリースより）

図2-4　透過型メタサーフェスを窓ガラスに張り付けた様子（NTTドコモニュースリリースより）

第2章 通信の新技術

実証実験で通信スループットの大幅改善を確認

今回、NTTドコモは神奈川県横須賀市の横須賀リサーチパーク内の建物において実証実験を行なっています。実験内容は、窓ガラスに貼り付けた「5枚」の透過型メタサーフェスのプロトタイプに対してミリ波帯電波（28GHz帯）を入射し、屋外の台車に搭載した5G端末との間でデータ通信を実施するというものです。

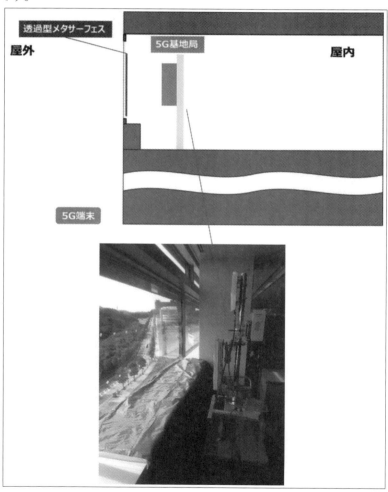

図2-5　実証実験のイメージと実際の実験の様子
（NTTドコモニュースリリースより）

[2-1] ミリ波を曲げてエリア拡大、NTTドコモの透過型メタサーフェス

　実証実験の結果、透過型メタサーフェスの効果により、窓ガラス単体の場合に比べて実験エリアでの「28GHz帯」および「2.6GHz帯」の合計スループットの改善を確認したとのことです。

　スループットの中央値で、
① 透過型メタサーフェス無し…約28Mbps
② 透過型メタサーフェスあり…約548Mbps
と、実に「約20倍」ものスループット改善が見られたようです。

　最大スループットにあたる「90%値」でも、
① 透過型メタサーフェス無し…約407Mbps
② 透過型メタサーフェスあり…約861Mbps
と、「約2.1倍」のスループット改善を確認しています。

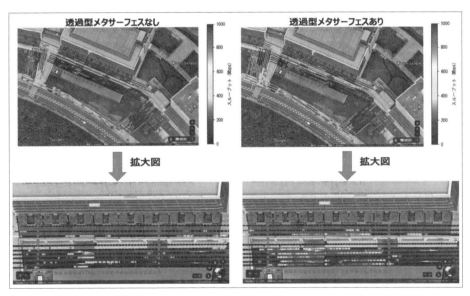

図2-6　実験エリア内で急激にスループットが改善されているのを確認できる
　　　　（NTTドコモニュースリリースより）

41

第2章 通信の新技術

ミリ波帯のエリア拡大へさらに取り組むNTTドコモ

　NTTドコモは同日、低消費電力、省スペースの屋内向け基地局「マルチセクタアンテナ屋内基地局装置」の発表も行なっており、今回の透過型メタサーフェス技術と組み合わせて、屋内および屋外のエリア構築を実現していける可能性があると語っています。

図2-7　屋内全体を満遍なくカバーできる「屋内基地局用マルチセクタアンテナ」
（NTTドコモニュースリリースより）

　また、アンテナを多数使用する「大規模MIMO」を構築する際には、今回のメタサーフェス技術を応用することでアンテナ数を抑えて安価に大規模な構成を実現できるとも考えられています。このようにNTTドコモは、さまざまなアプローチで5G Evolutionおよび6Gの効率的かつ柔軟なエリア構築手法や無線機構成の確立を目指して研究・開発に取り組んでいくとのことです。

　ミリ波帯が充分実用的になれば新しいサービスやアプリケーションの土壌になることは間違いないでしょう。そんな新しい世界を早く体験してみたいものです。

[2-2] 5G時代の最先端光通信技術でスーパー量子コンピュータ実現へ

2-2
5G時代の最先端光通信技術でスーパー量子コンピュータ実現へ

　最先端の光通信技術を「光量子コンピュータ」の開発に適用できるようになる「光パラメトリック増幅器」を紹介します。

最先端の光通信技術と光量子技術の融合

　2023年3月6日、NTTは東京大学、理化学研究所と共同で、5Gに代表される最先端の商用光通信技術を光量子分野に適用させる新技術「**光パラメトリック増幅器**」を開発したと発表しました。これにより高速光通信用検出器を用いて世界最速の「43GHz」リアルタイム量子信号測定に成功しています。

　この技術により、高速動作する「**光量子コンピュータ**」の実現や、「**光量子プロセッサ**」のマルチコア化を可能にするとのことです(図2-8)。

　「光量子コンピュータ」とはなにか、光通信技術の適用でどのような効果が得られるのか、詳しい部分を見ていくことにしましょう。

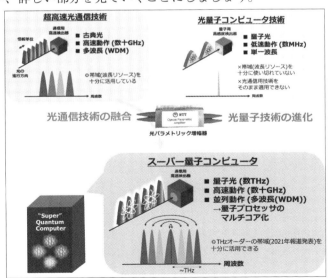

図2-8　「光パラメトリック増幅器」によって光通信技術が適用可能となり、「スーパー量子コンピュータ」の完成を目指す(NTTニュースリリースより)

第2章 通信の新技術

「光量子コンピュータ」とは

「量子コンピュータ」は、最新の「スパコン」でも膨大な時間がかかる計算を一瞬で解く新しい動作原理のコンピュータとして期待されています。

「量子コンピュータ」の実現にはいくつかの手法がありますが、その中でも「光」を「量子ビット」とする「光量子コンピュータ」は、他の方式で必要とされる「巨大な冷却装置」や「真空装置」が不要なため、実用化にも有利とされています。

今回の発表の中にある「光量子コンピュータ」は、1本の光路上で一列に連なった**「量子もつれ状態」**にある100万個単位の光パルスを「量子ビット」として用います。大規模な「量子もつれ状態」を用いて量子計算を行なう手法は「一方向量子計算」と呼びます。「量子もつれ状態」にある多数の量子の一部を観測すると他の量子の状態が変化する「観測による状態変化」を積極的に利用し、「量子もつれ状態」に対して観測を繰り返すことで計算を実行するのが「一方向量子計算」です。

「量子もつれ」を利用した量子演算を行なう装置を「量子テレポーテーション回路」といい、光路をループ状に配置し同じ「量子テレポーテーション回路」を繰り返し通過させて演算を行なうことで、最小限の装置で大規模演算が可能なことがわかっていました。

また「光量子コンピュータ」は、他方式の「量子コンピュータ」よりもはるかに高速動作可能なことも特徴のひとつです。ただ、高速動作を実現するには超えなければならない壁がありました。

まず「光量子コンピュータ」のシステムは、主に次の3つで構成されています。

①**量子光源**
　「量子もつれ状態」にある光パルスを生成する。
②**リアルタイム量子信号測定**
　「量子もつれ状態」の光パルスを観測する。
③**測定誘起操作**
　測定結果に基づき、他の光パルスを操作する。

このうち、①については「6THz」という広帯域を実現しており、③についても量子光の波形制御技術で成果を挙げていました。

44

[2-2] 5G時代の最先端光通信技術でスーパー量子コンピュータ実現へ

ところが②については、低速な量子情報検出技術を使うしかありませんでした。ここがボトルネックとなり「光量子コンピュータ」の高速化が阻まれていたのです。

光通信技術で「43GHz」の信号測定

現在の光通信技術には「100GHz超」で動作する高速な光通信用検出器も存在しますが、このような光通信技術をそのまま「光量子コンピュータ」へ適用することは大抵できません。なぜなら高速な光通信用検出器は光損失が大きく、この損失で光量子状態が崩れてしまうからです。

そこで登場するのが今回の発表でメインとなる新技術「光パラメトリック増幅器」です。これは光量子情報を保持したまま光を増幅できる技術で、光通信用検出器などで発生する光損失が問題にならないレベルにまで光を増幅しておくことによって、光通信用デバイスを「光量子コンピュータ」へ適用できるようにするものです（図2-9）。

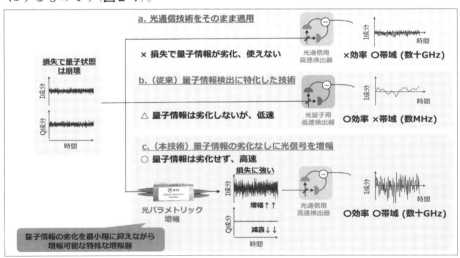

図2-9　高速だが損失が多く量子情報が崩れる光通信技術(a)、低速な量子情報検出技術(b)、あらかじめ光増幅しておくことで量子情報の崩れを防ぐ「光パラメトリック増幅器」(c)
（NTTニュースリリースより）

第2章 通信の新技術

　今回の発表では、NTTが長年研究開発を進めてきた高い増幅率（約3,000倍）と小さい信号対雑音指数（約20%）を有する、「直接接合型周期分極反転ニオブ酸リチウム（PPLN）導波路」による**「光パラメトリック増幅器」**を作製し、一例として「光パラメトリック増幅器」と市販の高速光通信用検出器を組み合わせた「43GHz」の信号測定結果が示されていました（図2-10，2-11）。

　測定結果から、従来技術と比べて「1,000倍以上」のクロック周波数で動作可能な高速量子演算を実現できることがわかったとしています。

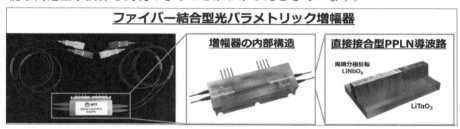

図2-10　「直接接合型周期分極反転ニオブ酸リチウム（PPLN）導波路」を用いた、「ファイバ結合型光パラメトリック増幅器」（NTTニュースリリースより）

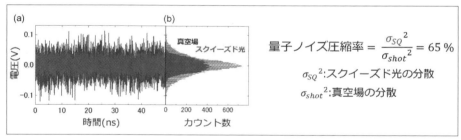

図2-11　「43GHz帯域」の高速光通信用検出器のオシロスコープ測定結果（a）と電圧値ヒストグラム（b）
（NTTニュースリリースより）

[2-2] 5G時代の最先端光通信技術でスーパー量子コンピュータ実現へ

マルチコア化への期待

　今回発表された技術により、5Gの超高速光通信技術と「光量子コンピュータ技術」の融合で「100GHz超」の帯域での高速な光量子演算が可能になることが示されました。また、これまで長年をかけて技術蓄積がなされてきた超高速光通信技術と「光量子プロセッサ」の融合は、「光量子コンピュータ」の開発を大きく加速させるでしょう。

　なかでも光通信技術のひとつである**「波長分割多重化技術」（WDM）** を用いることで、「光量子プロセッサ」のマルチコア化が可能になります。今後これらの技術により、従来の「ノイマン型コンピュータ」を動作速度においても凌駕する、「THzオーダー」の帯域を最大限に活用した「100GHz帯域100マルチコア」の「スーパー量子コンピュータ」の実現が期待されます。

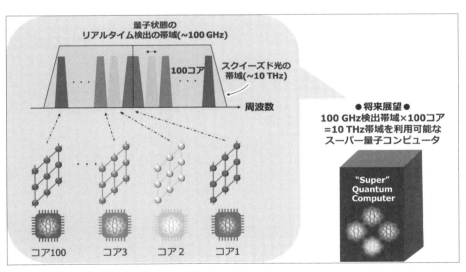

図2-12　多重化により「100コア」の「スーパー量子コンピュータ」へ（NTTニュースリリースより）

第**2**章　通信の新技術

2-3

サブテラヘルツ帯で毎秒1.4テラビット無線伝送に成功

「毎秒1テラビット超」の超大容量無線伝送を実現したNTTの新技術を、「OAM多重伝送」の技術を中心に紹介します。

2030年代の無線需要を支えるテラビット級無線伝送

2023年3月30日、NTTは「32GHz幅」にわたる超広帯域幅を利用した「**OAM多重伝送**」(Orbital Angular Momentum：軌道角運動量)を実現し、「毎秒1.44テラビット」の大容量無線伝送に世界で初めて成功したとの発表をしました。

私たちの生活を支えている無線通信の需要は増え続けており、今後も年1.5倍のペースで大容量化が求められていくと見られています。そんな未来の超大容量無線通信時代を支えるため、テラビット級無線伝送の研究開発が進められてきました。「OAM多重伝送」もそうして進められてきた研究分野のひとつで、今回「毎秒1.44テラビット」の大容量無線伝送に成功したとの一報が入ってきた次第です。

無線通信の大容量化手段

無線通信の大容量化は、次に挙げる3つのアプローチが基本となっています。
①伝送帯域幅の拡大
②空間多重数の増加
③変調多値数の増加

①の伝送帯域幅の拡大は、無線通信に使用する周波数帯域幅を広げればそれだけ大容量通信が可能になるというものです。使い勝手の良い「数GHz以下」の周波数帯はさまざまな用途に割り当てられていて広い周波数帯域幅の確保はほぼ不可能ですが、高い周波数帯は空きも多く広い周波数帯域幅の確保が容易です。ただ、周波数帯が高くなるとより高精度での制御が求められるようになるという技術的課題も出てきます。

②の空間多重数の増加とは、同一周波数帯にどうにかして複数の信号を載せるというものです。普通は同一周波数帯に異なる信号を載せると混信して意味

48

[2-3] サブテラヘルツ帯で毎秒1.4テラビット無線伝送に成功

不明な信号となってしまうため、受信後に元通りの複数信号に戻すための仕組みが必要です。既存の技術としては「MIMO」(Multi Input Multi Output)があり、無線LANや4G/5G通信で活用されています。

　③の変調多値数の増加は、1つの波で複数ビットの表現を行なうものです。現在は信号の位相と振幅で多値を表現する「QAM」(直交振幅変調)が主流で、たとえば「Wi-Fi 6」で用いられる「1024QAM」は1つの波で「10bit」の表現可能です。

　今回の発表によるとNTTでは上記3つのアプローチのうち、①と②のアプローチを特に追求しているようです。

サブテラヘルツ帯を使用

　まず、伝送帯域幅の拡大というアプローチでは、将来的に活用が期待される「100GHz超」の「サブテラヘルツ帯」が用いられています。「135.5GHz～151.5GHz」と「152.5GHz～168.5GHz」の「計32GHz幅」という広大な周波数帯域を使用することで大容量無線伝送を実現します。たとえば「Wi-Fi 6」のチャネル幅は最大「160MHz」ですが、それと比べるとまさに"ケタの違う"帯域幅の広さがわかります。

「OAM多重伝送」とは

　そしてこちらが今回発表された技術のメインとなる部分ですが、NTTは「OAM」(軌道角運動量)を持つ電波を用いた空間多重の研究を長年進めていました。

　「OAM」とは電波の性質を表わす物理量のひとつであり、「OAM」を持つ電波(以下「OAM波」)は、同一位相の軌跡が進行方向に対して螺旋状になります。そして「OAM波」は同じ螺旋構造(モード)をもつ受信機でのみ受信できるという特徴をもちます。つまり、異なる螺旋構造をもつ複数の「OAM波」を重ね合わせて、それぞれの「OAM波」に対応した螺旋構造で受信できる受信機を用意すれば、互いに干渉することなく分離できるというわけです。

　この特徴を利用して、複数の異なるデータを同時に伝送する技術が「OAM多重伝送」となります。

49

第2章 通信の新技術

　NTTはこれまでにも、ミリ波帯を用いて「100Gbps」の「OAM多重伝送」の実証実験などを行なってきていました。

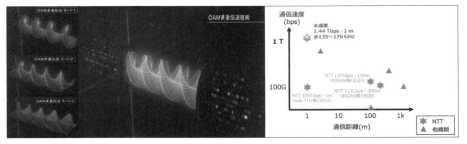

図2-13　「OAM多重伝送」のイメージおよび大容量無線伝送の動向（NTTニュースリリースより）

新開発されたアンテナ

　今回発表された技術では、「Butler Matrix」（以下「Butler回路」）と呼ばれるアナログ回路を用いて複数の「OAM波」を多重処理しています。「Butler回路」とは複数アンテナへの信号位相を制御して無線伝送のビーム方向を制御する回路です。アナログ回路を用いることで「毎秒1テラビット」を超える大容量通信において電波間の干渉除去に必要な膨大なデジタル信号処理を低減することができました。

　そしてNTTは、「サブテラヘルツ帯導波路技術」の研究開発を推進し、広帯域かつ低損失で動作する「アンテナ一体型Butler回路」の開発に成功しました。
　この「アンテナ一体型Butler回路」は、「135GHz〜170GHz」の非常に広い帯域で、8個の異なる「OAM波」を同時に生成および分離できるように設計されており、これを用いることで8個のデータ信号を多重伝送できます。

　また、異なる2つの偏波でそれぞれ「OAM多重伝送」を行なうことで、互いに干渉することなく2倍の16個のデータ信号を同時に多重して伝送します。
　この「アンテナ一体型Butler回路」を用いて伝送試験を実施し、「合計1.44Tbps」の大容量無線伝送に世界で初めて成功したとのことです。

[2-3] サブテラヘルツ帯で毎秒1.4テラビット無線伝送に成功

図2-14 サブテラヘルツ帯用に開発された「アンテナ一体型Butler回路」と伝送実験の様子
(NTTニュースリリースより)

「Butler回路」のポイント

今回の技術では、特に超広帯域で動作可能な「Butler回路」の設計がポイントとなっているようで、次の点が「Butler回路」の特徴として挙げられていました。

①電波の位相制御

「Butler回路」により8つの「OAM波」を同時に伝送するためには、電波の位相を極めて高い精度で制御する必要があります。

電波の位相の進み方は周波数によって異なるため、アナログ回路で広帯域にわたり位相を均一に制御することは非常に困難。そこでまずは自由空間とは異なる導波路内の特有の電波伝搬を解析し、理論的に広帯域にわたって位相の進み方を均一に揃えることが可能な位相回路を考案しました。

②回路の平面交差

性能劣化要因である回路の平面交差をなくし、すべての経路が電気的に等しい長さになるように位相回路を含む多層立体経路を設計。

「35GHz幅以上」にわたって「各OAMモード」に必要な位相を与えることができる「Butler回路」の試作に成功しました。

③中空導波回路

「Butler回路」は「中空導波回路」として設計されており、一般的な「誘電体基盤回路」などと比較して誘電損失や電波の漏洩を防ぐことができるため、高周波回路であるにもかかわらず低損失を実現しています。

第2章 通信の新技術

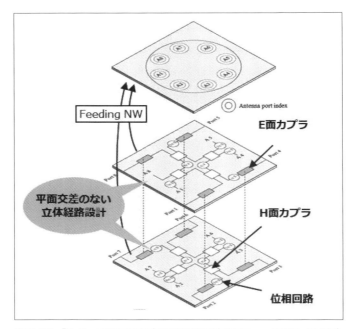

図2-15 「Butler回路」の多層立体経路概略図(NTTニュースリリースより)

今後の展開

　今回の成果によって、光伝送系に匹敵する広帯域かつ高速な無線伝送が実現可能となりました。また「OAM波」の多重処理をアナログ回路が担うため、多重処理のための複雑なデジタル信号処理が必要無く、無線伝送系と光伝送系をシームレスに接続できるようになることが期待されます。

　次のステップでは、基地局間の無線バックホール／フロントホールや中継伝送など、本技術の利用用途例を含めて実社会におけるさまざまな用途を想定し、「100m」を超える長距離での実証実験に取り組んでいくとのことです。

　最終的に本技術が展開されることで、「IOWN・6G時代」の革新的無線通信技術として、VR／ARや高精細映像伝送、コネクティッドカー、遠隔医療など、将来の多様なサービスの創出および普及を支えていくことが期待されます。

[2-3] サブテラヘルツ帯で毎秒1.4テラビット無線伝送に成功

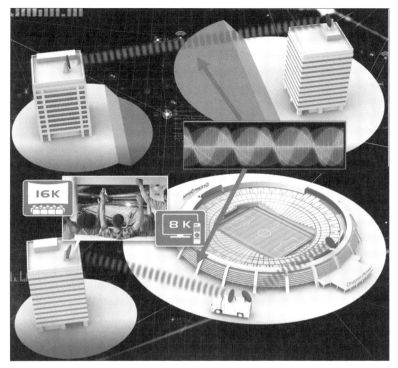

図2-16 有線敷設が難しい場所での無線バックホール／フロントホールや、無線による臨時回線・非圧縮8K／16K伝送といった用途が考えられる（NTTニュースリリースより）

第**2**章　通信の新技術

2-4
興味のある話だけを抜き出す音声信号処理「ConceptBeam」

音声の分離抽出に「意味」を用いるNTTの新技術「ConceptBeam」を紹介します。

新しい音源分離技術を発表

NTTは2023年5月30日、複数の話者や話題が混在した音声信号から、「画像」や「音声」などで指定した「意味」に適合する話の部分だけを分離抽出できる技術を発表しました。

本技術は複数の音声が混在した信号から、話されている内容に基づいて目的の音声を取り出すことのできる世界初の技術としています。

従来の分離抽出技術では、音の到来方向を抽出の手掛かりとするものも多かったですが、音の方向を特定できる録音機材が必要といった足枷がありました。本技術はそのような機材に依存することなく音声の分離抽出を行なえるのが利点と言えます。

長年研究が行なわれてきた音源分離技術

音声認識を筆頭に、音声情報からの情報抽出技術が近年盛んに活用されています。私たち人間は賑やかな場所であっても話している人や話題に注意を向けて話を聞き取ることができますが、コンピュータにとっては目的とする音を他の音から分けて聞き取ることは必ずしも簡単ではありません。

複数の人の話し声などが混ざっている音響信号から目的とする音声信号を取り出す技術は「音源分離」と呼ばれ、これまで数十年間にわたって研究が進められてきた分野です。

従来の音源分離の研究では、信号を分けて取り出すための手掛かりとして、
①音の聞こえる方向
②声の高さ
③話者の特徴
④信号の独立性
といったものが用いられてきました。

これらは総じて、信号自体の物理的特徴に着目したものと言えます。

54

[2-4] 興味のある話だけを抜き出す音声信号処理「ConceptBeam」

　NTTも2018年に「SpeakerBeam」という音源分離技術を発表していました。これは指定した話者の声の特徴を手掛かりに、話者特徴空間において信号の抽出のビームを向け、信号を選択的に取り出す技術でした。

　NTTでは、このような物理的特徴に基づく音源分離の研究を行なう一方で、コンピュータによってデータから「意味」を取り出す「概念獲得」と呼ぶ研究が進められていました。今回発表された技術は、従来からの物理的特徴に基づく音源分離と、新たな概念獲得の研究を融合したもので、話者が話している意味的な内容を手掛かりにして目的の音声を取り出すことができる新しい音源分離技術となります。

音源分離技術「ConceptBeam」

　NTTでは、今回開発した技術を「**ConceptBeam**」と名付けています。これは、指定した意味内容（Concept：概念）に適合する音声を抽出する技術、つまり「概念フィルタ」であることを表わしているとのことです。

　「ConceptBeam」の動作としては、システムに対して画像や音声などで興味の対象を指定しておくと、入力された混合音の中から指定した興味の対象に適合する信号を抽出できるというものです。たとえば「ブロッコリー」に関する話と「バイク」に関する話が混合した音声が入力された時、ブロッコリーの画像を手掛かりとして指定すると、ブロッコリーに関して話している音声だけを選択的に抽出できるとしています（**図2-17**）。

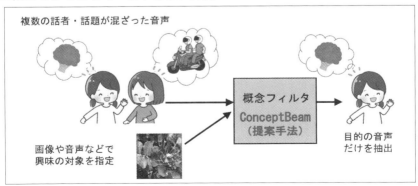

図2-17　興味の対称を画像や音声で指定しておくと、それに関連する音声のみを抽出できる
（NTTニュースリリースより）

第2章 通信の新技術

「概念」の表現がポイント

　本技術では、概念の情報をコンピュータで扱うため、概念を「ベクトル」、つまり複数の数値の組で表わしています。概念のベクトルが配置される空間を「特徴空間」と呼び、このような特徴空間は、「関連があることがあらかじめわかっている異なる種類の情報」を用いて作ることができます。

　たとえば、ある風景の画像を見て、ある人が「青い空、白い雲の下に大きな風車が見えますね」と話した音声があったとします。風景を見て話しているため、その画像と音声は関連があると言えます。つまり「関連があることが分かっている異なる種類のデータ」ということになります。

　これらの画像や音声を、それぞれ「画像特徴抽出器」「音声特徴抽出器」という2つのニューラルネットワークを用いて特徴抽出を行なう際、関連があるとわかっているデータは互いに近くに、そうでないデータは離れるように、という基準でニューラルネットワークを訓練します。ある程度多くのデータで訓練すると、情報の種類によらず「白い」「雲」「風車」といった、同じ概念が近くに配置された空間が構築されます（たとえば、画像の「白い」と音声の「白い」の各ベクトルが近くに配置された特徴空間が構築される）。

　これは同時に、それぞれの情報の種類に対する特徴抽出器が得られていることに相当します。この特徴抽出器を用いると、元のデータの種類にかかわらず、そのデータに表現された概念が類似していれば類似する特徴ベクトルに変換できるようになるとのことです（**図2-18**）。

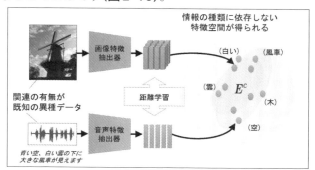

図2-18　関連性の有無がわかっている異なる種類のデータで訓練を行なうと、データの種類に依存しない特徴空間が得られる（NTTニュースリリースより）

[2-4] 興味のある話だけを抜き出す音声信号処理「ConceptBeam」

従来技術と組み合わせて目的音声を抽出

　本技術では、目的音声を抽出するための信号のフィルタリングに、前述した「SpeakerBeam」を応用しています。「SpeakerBeam」は、混合音声から話し手の声の特徴、つまり話者ベクトルに着目して、特定の話者の音声を抽出できる音源分離技術です。それに加えて新たに指定された概念に適合する発話区間を検出し、その発話区間に対応する話者の音声を抽出するものが「ConceptBeam」です。

　この方法では、まず、概念を指定する信号および混合音声からそれぞれ特徴ベクトルを抽出し、これらの特徴ベクトルの類似度を計算することで、混合音声のどの時間区間が指定した概念に類似しているかを検出します。続いて、検出された時間区間においてどの話者が発話しているかを検出し、この話者を表現する特徴ベクトルを抽出します。この話者特徴ベクトルを用いて混合音声から目的音声抽出を行なうことにより、指定された概念について発話している話者の音声を抽出します。このとき、話者や話題が複数であっても処理することができるとのことです(図2-19)。

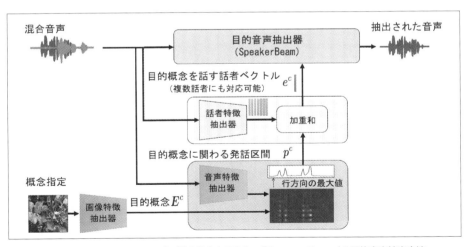

図2-19　「SpeakerBeam」に概念指定を加えた、「ConceptBeam」の目的音声抽出方法
(NTTニュースリリースより)

第**2**章 通信の新技術

高い精度を発揮

　本技術を評価するために、異なるテーマを含む複数話者による混合音声を所定の重なり率で作成し、画像または音声で指定した概念に適合する音声を抽出する実験が行なわれました。その結果が**図2-20**となります。

　精度評価値は、混合された元の状態に比べて目的とする信号をどの程度の精度で抽出できたかを表わす数値（スペクトル歪みの改善度）です。混合音声に対して音声認識を行なう方法（手法1）および、混合音声を音源分離する手法（手法2）と比較して、「ConceptBeam」は高い精度で目的の音声を抽出できたことが伺えます。

手法	概念指定子		精度評価値 *（数字が大きいほど良い）	
	画像	音声	2発話 2概念	4発話 2概念
手法1 音声認識してから 単語の情報で分離	✓		1.3 dB	−3.0 dB
		✓	1.1 dB	−1.4 dB
手法2 音源分離してから 信号を選択	✓		8.6 dB	1.0 dB
		✓	7.9 dB	−0.8 dB
ConceptBeam	✓		10.3 dB	4.0 dB
		✓	11.4 dB	3.8 dB

* 入力信号の重なり率が 50% のときのスペクトル歪みの改善度

図2-20　精度の実験結果。発話が増えても高い精度を保っているのが分かる（NTTニュースリリースより）

[2-5] 300GHz帯でのビームフォーミングと高速データ伝送

「意味」を扱うことで有益な情報を素早く選択

　現在はさまざまな情報があふれており、有益な情報を抽出・選択することの重要性が日に日に高まっています。そこでNTTは、今回の技術のように信号処理やパターン処理に「意味処理」を導入し、多種の情報に対して興味のある情報を高速かつ的確に特定し、取り出し、活用できる社会の実現をめざすとしています。

2-5
300GHz帯でのビームフォーミングと高速データ伝送

　次世代移動体通信システム「6G」で必要とされる「300GHz帯」でのビームフォーミング高速データ伝送技術を紹介します。

「6G」に向けた高速データ伝送技術

　東京工業大学とNTTの研究グループは2023年6月13日、ビームフォーミング技術を用いた「300GHz帯高速無線データ伝送」に世界で初めて成功したと発表しました。

　本技術は移動端末に向かって超大容量データを瞬時に転送するのに不可欠とされるものです。2030年代の「6G」に向けて大きな前進を果たしたと言えるでしょう。

図2-21　フェーズドアレイ無線機によるビームフォーミングのイメージ図（東工大プレスリリースより）

第2章 通信の新技術

「300GHz帯」が抱えていた問題点

　次世代の移動通信システム「6G」では、「300GHz帯」の電波を活用した高速無線通信が期待されています。「300GHz帯」の電波は広い帯域を利用できるので大容量通信が可能というメリットがある一方、空間伝播での電波損失が大きいという課題がありました。その課題を克服するためにビームフォーミング技術の利用が検討されています。

　ビームフォーミングとは、複数の送信素子を用い、各素子が出力する電波の位相や強度を調整することで受信端末が存在する方向に向けて電波エネルギーを集中放射する技術です。身近なところではWi-Fiルーターにも同様の技術が用いられています。

　ただ、このビームフォーミングも「300GHz帯」へ適用しようとすると技術的課題が山積です。
　たとえば現行「5G」の「28GHz帯」や「39GHz帯」までであればビームフォーミング技術は「CMOS-IC」を用いた機材で実現できていましたが、「300GHz帯」になると「CMOS-IC」のみでは出力電力が不足してしまうのです。そこで高出力な「III-V族化合物IC」との組み合わせによってビームフォーミングを実現することが世界中で期待されています。しかしながら「化合物IC」内や「CMOS-IC」との接続部で発生する大損失が高出力化を阻害してしまい、ビームフォーミングによる「300GHz帯」の高速無線データ通信はまだ実現されていなかったのでした。

世界初の快挙

　今回の発表によると、東工大が周波数変換回路や制御回路などを搭載した「高集積CMOS-IC」を作製し、NTTは独自の「インジウム・リン系ヘテロ結合バイポーラトランジスタ技術」(InP HBT)で、高出力なパワーアンプ回路とアンテナを一体集積した「InP-IC」を開発したとのこと。

　さらにこれら「CMOS-IC」と「InP-IC」とを同一プリント基板上に小型実装した「4素子フェーズドアレイ送信モジュール」を実現。
　この送信モジュールは「36度」の指向性制御範囲と通信距離「50cm」にて「最大30Gbps」のデータレートを達成し、「300GHz帯」における世界初のビームフォー

[2-5] 300GHz帯でのビームフォーミングと高速データ伝送

ミングを用いた高速無線データ伝送の成功例となりました。

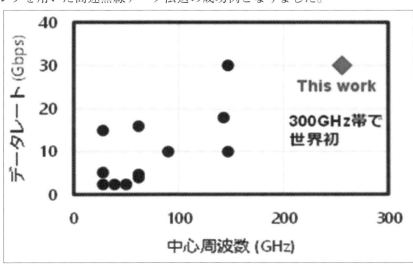

図2-22　従来技術と新技術の比較(東工大プレスリリースより)

　また、研究グループによると、次に挙げる2つの高出力化技術によりビームフォーミングと高速無線データ伝送が可能になったとしています。

①「300GHz帯」高出力パワーアンプ回路の設計

　「300GHz帯」で高い出力電力を実現可能なパワーアンプ回路を設計し、NTT独自の「InP HBT技術」で製造しています。パワーアンプ回路では複数の増幅素子から出力される電力を独自の低損失合波器を用いて束ねることによって高出力化が図られています。

　「CMOS-IC」から出力される信号を増幅し同一チップ上に形成されたアンテナから受信端末に向けて電波を放射、高速データ伝送に必要な大きな電力を受信端末に送り届けることができるようになったとのことです。

第2章 通信の新技術

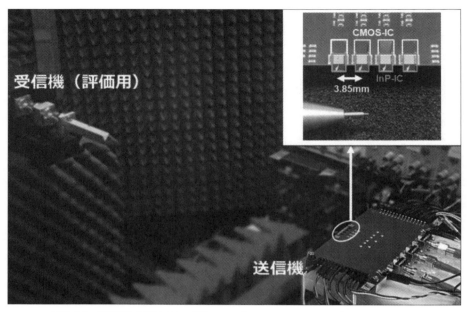

図2-23 新開発した「300GHz帯」フェーズドアレイ送信器と伝送特性実験時の様子
（東工大プレスリリースより）

②高周波帯低損失実装技術

「300GHz帯」で異なる種類のIC同士を接続するためには、それぞれのICを導波管モジュールに実装し接続するのがこれまでは一般的でした。しかし、導波管を通過する際に生じる損失が問題にもなっていました。

今回開発された高周波帯低損失実装技術では、両者を同一基板上にフリップチップ実装し、「数十μm」の微小な金属バンプを介して接続する工夫を施しています。これによって接続損失が低減し、高出力化を実現できたとしています。

[2-5] 300GHz帯でのビームフォーミングと高速データ伝送

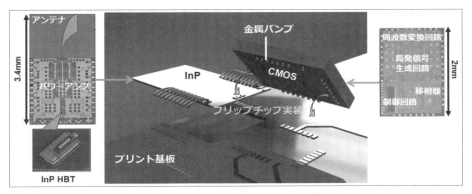

図2-24 異種IC同士のフリップチップ実装の概念図（東工大プレスリリースより）

今後の展望

　今回の研究成果は1次元のビームフォーミングの実証でしたが、今後は2次元アレイ化による2次元ビームフォーミングの実証や、アレイ数増加による通信距離の拡張等が予定されています。

　また、利用用途に応じた受信モジュールの開発にも取り組み、従来よりも「10倍以上」の伝送容量を有する無線通信の実用化を目指すとしています。続報に期待しましょう。

第2章　通信の新技術

2-6
世界最高クラスのサブテラヘルツ帯無線デバイス

日本の4企業が開発を進める、6G時代に欠かせないサブテラヘルツ帯無線デバイスを紹介します。

100Gbpsの超高速伝送を実現する無線デバイス

2024年4月11日、（株）NTTドコモ（以下、ドコモ）、日本電信電話（株）（以下、NTT）、日本電気（株）（以下、NEC）、富士通（株）（以下、富士通）の4社は、「100GHz帯」および「300GHz帯」のサブテラヘルツ帯（100GHz〜300GHzの周波数帯）に対応した世界最高クラスの無線デバイスを共同で開発したと発表しました。

この無線デバイスにより「100GHz帯」および「300GHz帯」において「100Gbps」の超高速伝送を実現したとのことです。

6G時代を見据えた無線デバイスの開発

6G時代のネットワークの活用としてメタバースや自動運転などさまざまなユースケースが考えられており、その増大する通信需要に応えるためには広い帯域が利用可能なサブテラヘルツ帯を活用した大容量の無線通信が期待されています。

サブテラヘルツ帯は、現状の5Gで使用されているミリ波帯（28GHz帯など）に比べ非常に高い周波数帯であるため、基本要素の無線デバイス開発から進める必要があります。

このような新規の無線デバイスを開発するためには移動通信システムへの応用を前提としたデバイスの要求性能の明確化や、要求性能をサブテラヘルツ帯で達成するための新規デバイス開発など多岐にわたる課題があるとされています。

これらの課題に対応すべく、2021年から4社は共同して6G時代の大容量無線通信の実現をめざしたサブテラヘルツ帯無線デバイスの研究開発を進め、今回、共同開発した無線デバイスを用いて「100GHz帯」および「300GHz帯」において無線伝送実験を行ない、見通し内の「伝送距離100m」で「100Gbps」の超高速伝送を実証したとのことです（図2-25）。

64

[2-6] 世界最高クラスのサブテラヘルツ帯無線デバイス

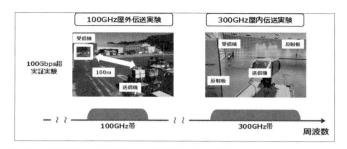

図2-25　100GHz、300GHzの伝送実証実験の様子（NTTプレスリリースより）

ドコモの研究開発

ドコモは、「100GHz帯」の移動通信適用における無線システム構成や要求性能の検討を行ないました。

サブテラヘルツ帯の広い帯域を利用するためには、広帯域な「ベースバンド（BB）信号」および「中間周波（IF）信号」を生成する必要があります。しかし従来のBB信号、IF信号を取り扱う装置では、信号帯域幅が「数GHz程度」の狭帯域信号しか送受信できないという課題がありました。

そこで、複数の狭帯域信号を周波数軸上に多重する「チャネルボンディング装置」を開発し広帯域な信号を実現。開発したチャネルボンディング装置を用いて、屋外環境にて「100GHz超帯」における「伝送距離100m超」、「伝送速度100Gbps超」相当の無線伝送に成功しています（**図2-26**）。

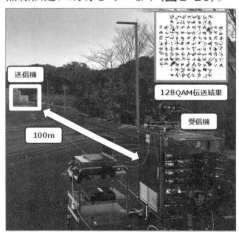

図2-26　チャネルボンディング装置を用いた屋外伝送実験（NTTプレスリリースより）

第2章 通信の新技術

　さらにこのチャネルボンディング装置と、富士通が開発したアレイアンテナを用いた軸合わせ技術、NECが開発したAPAAとを組み合わせて、「100GHz超帯」において電波の指向性制御が可能であることをも確認し、サブテラヘルツ帯の移動通信適用に向けた検討を大きく前進させられたとしています（図2-27）。

図2-27　電波の指向性制御実験（NTTプレスリリースより）

[2-6] 世界最高クラスのサブテラヘルツ帯無線デバイス

NTTの研究開発

　NTTは「300GHz帯」無線装置、およびそのキーデバイスである広帯域ミキサICの研究開発を行ないました。

　「300GHz帯」のデータ伝送ではミキサICがデータ伝送速度を決定するキーデバイスとなります。高速トランジスタである**「InP-HEMT」（リン化インジウム高電子移動度トランジスタ）**を用い広帯域設計とすることで、「1チャネル」で「100Gbps」の伝送ができることを検証実験にて確認しています。またミキサICの広帯域性を活かすことにより、「100Gbps信号」を「300GHz帯」の複数のチャネルで伝送できることも確認したとのこと。

　今回は、実現したミキサICをモジュール化しNTT製の電力増幅器などと組み合わせて「300GHz帯無線装置」を構築、無線伝送実験を行なっています。「伝送距離100m」において「1チャネル100Gbps」の高速伝送の達成は「300GHz帯」における世界最高クラスのものになります（図2-28, 2-29）。

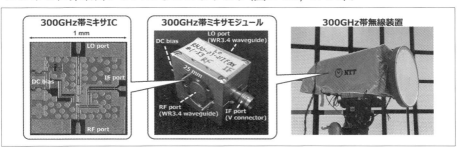

図2-28　300GHz帯無線装置（NTTプレスリリースより）

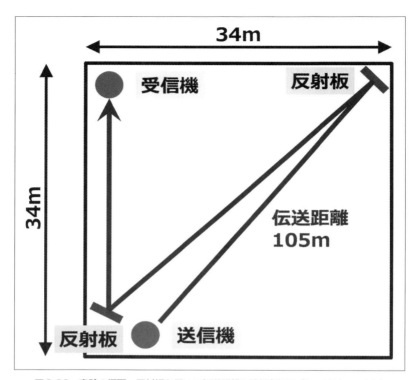

図2-29　実験の概要。反射板を用いて伝送距離を確保（NTTプレスリリースより）

NECの研究開発

　NECは、「100GHz帯」の移動通信環境を想定した無線デバイスの検討および製作を行ないました。

　現状の移動通信で用いられている「数GHz帯」の電波と異なり、サブテラヘルツ帯は電波の回り込みが少なく伝搬損失が大きいという特徴があるため、移動通信エリアの形成が困難となる課題があります。

　この課題を解決するために、複数のアンテナ素子をアレイ配置することで電波の方向制御と送信電力の向上という2つの利点をもつ「フェーズドアレイ方式」を検討しました。

[2-6] 世界最高クラスのサブテラヘルツ帯無線デバイス

　一般的に「100GHz帯」では低周波に比べてアレイ実装時の配線などに起因する電力損失が大きいため、フェーズドアレイ実現が困難とされています。
　そこで、アンテナ、移相器、増幅器を一体集積することで配線長を短縮し、実装時の電力損失を低減可能な**「アンテナIC一体型APAA方式」**を採用。
　さらに4系統のアンテナ素子が一体集積された「Antenna on Chip (AoC) 送信IC」と、ICをパッケージングするモジュールをアレイ配置することで「合計100素子以上」のAPAAモジュールを開発しています。

　本APAAモジュールの性能検証を行なったところ、「EIRP (等価等方放射電力) 50dBm」、「ビームステアリング角±30度」程度の特性を有していることが実証されました**(図2-30、2-31)**。
　さらに本APAAモジュールを用いて「100GHz帯」において「通信距離100m」で「100Gbps級」の無線伝送を行なうためのシステム仕様検証を実施することができたとしています。

図2-30　64素子APAAモジュール(NTTプレスリリースより)

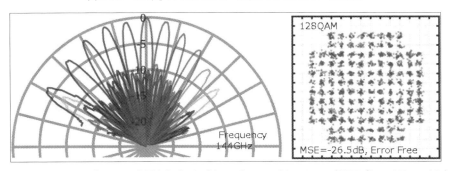

図2-31　APAAモジュールの水平方向ビームパターンとコンスタレーション(NTTプレスリリースより)

第2章 通信の新技術

富士通の研究開発

　富士通は、「100GHz帯」および「300GHz帯」の通信距離拡大および消費電力低減のため、高出力かつ高効率な信号増幅を可能とする化合物半導体技術の検討を行ないました。

　サブテラヘルツ帯の無線通信を実用化するためには高速通信と並行して通信距離の拡大と省電力化という2つの課題を解決する必要があり、そのためには電波の送信部に使用される増幅器において出力と電力効率を両立することが重要です。

　この課題を解決するため富士通は**「窒化ガリウム」(GaN)** および**「リン化インジウム」(InP)** と呼ばれる2種類の化合物半導体材料を用いた「MMIC（モノリシックマイクロ波集積回路）技術」の研究開発を行ない、「100GHz帯」と「300GHz帯」の2つのサブテラヘルツ周波数領域で高出力増幅器における世界最高の電力効率を実現しました。

　「100GHz帯」では「4W/mm以上」の高出力GaN系MMICで「18%以上」の効率を達成、「300GHz帯」では「10mW級」のInP系MMICで「9%以上」の効率を達成しています。

　製作した増幅器を用いた「100GHz帯」の無線通信試験では、電波暗室内において2多重MIMOで「100Gbps」の無線伝送実験に成功しています。さらに屋外においても「100GHz帯」で「100m」の伝送実験を実施したとのこと**(図2-32)**。

図2-32　100GHz帯での無線通信実験の様子(NTTプレスリリースより)

[2-6] 世界最高クラスのサブテラヘルツ帯無線デバイス

今後の展開

　サブテラヘルツ帯無線通信は多くの課題を抱えており、実用化への道はまだまだ遠いものと思っていましたが、こうした研究成果が発表されると意外と近い将来に体験できるのかもしれないとワクワクします。

　今後も4社はサブテラヘルツ帯を移動通信で活用するために幅広い研究開発を行ない、各社の強みを活かしたさまざまな取り組みを推進し、6Gに向けた世界的な標準化や実用化に貢献していくとしています。

第3章
素材の新技術

この章では、新しい発明や技術を支える「素材」の最新研究について、紹介します。

3-1

力の左右を見分ける力学極性ゲル

　力の左右を見分けて、一方向のみに変形する特殊な「力学極性ゲル」が開発されました。

　「一方向のみに変形する」ことは、どのような役に立つのでしょうか。

　このゲル材料が各分野に与える影響や、その仕組みについて解説していきます。

一方向のみに変形するゲル材料

　2023年4月14日、理化学研究所（以下、理研）の研究グループが、外部から加えられた力の左右方向を見分けて一方向にのみ変形するゲル材料の開発に成功したと発表しました。そして、このゲル材料が物質やエネルギー、生物を一方向に移動させる能力をもつことを実証したとのことです。

エントロピー増大に逆らう

　「無秩序な状態の度合い」を数値で表わしたものを「**エントロピー**」と呼び、無秩序な状態ほど「エントロピーが高い」と言います。そしてこの世界のすべての物事は自然のままに放っておく限りエントロピーは常に増大し続け、外から故意に仕事を加えない限りエントロピーが勝手に減ることはありません。これが「**エントロピー増大の法則**」です。

　ただ、この世界には外界からのエネルギーを使いながら系の秩序を高める、すなわちエントロピー増大に逆らう機構も存在します。なかでも実用化され私たちの生活に大きく関わっているものとして「整流ダイオード」や「光アイソレータ」などが挙げられます。

[3-1] 力の左右を見分ける力学極性ゲル

　これらがエントロピー増大に逆らえるのは、左または右から刺激を加えられた際、刺激の方向によって異なる応答を示す**「極性」**をもっているためです。電気、磁気、光の極性を示す材料は長年研究が進められていた一方、「力」に対する極性、すなわち**「力学極性」**を示す材料は存在すら想定されてきませんでした。

　「力学極性」をもつ機構として有名なものに**「ラチェット機構」**が挙げられます。ノコギリ型のギアとツメを組み合わせることで一方向にしか動作しないというもので、「ラチェットレンチ」や「結束バンド」などに使われている機構です。
　ただ、このラチェット機構は、あくまでさまざまなパーツを組み合わせた「道具」にすぎず、対象物の大きさが限られるなど、多くの制約があります。

　ここでもし、加工物としての外形に頼ることなく物質本来の性質として「力学極性」を示す材料が開発されたとしたら、あらゆるサイズの物質に対して一方向性の力を伝えることのできる極めて有用な材料となるはずです。この未踏分野の材料開発に挑戦したのが、今回発表のあった研究になります。

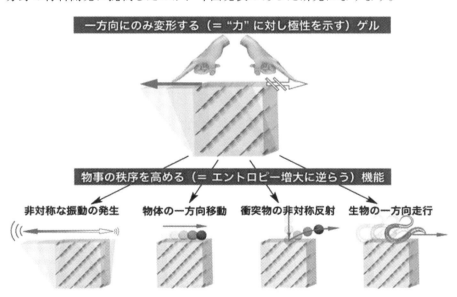

図3-1　一方向にのみ変形する材料ができれば、物事の秩序を高めるさまざまな機能を発揮する
（理研プレスリリースより）

第3章 素材の新技術

「力学極性ゲル」の仕組み

　今回開発された**「力学極性ゲル」**は、斜めに配向させた「酸化グラフェン」のナノシートをゲル中に埋め込んで作製しています。

　このゲルに横方向のせん断を加えた際、左向きのせん断ではゲル中のナノシートがたわみ、ゲルは容易に変形します。一方で逆の右向きのせん断ではナノシートがたわまず、ゲルは強固に抵抗します。

　この左右のせん断における硬さには「67倍」もの差があり、ゲルはあたかも"中心から左右どちらかにしか振れない振り子"のように振る舞います。その結果、このゲルは、乱雑な振動を一方向の振動に変換するといった「極性」を示す材料になりました。

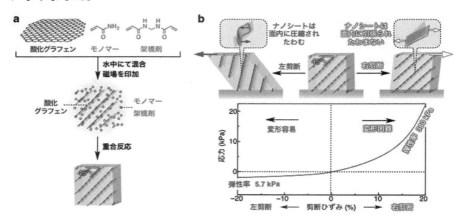

図3-2　「力学極性ゲル」は斜め配向のナノシートが肝心(画像左)。
　　　完成したゲルは一方向のみに大きく変形する(画像右)
　　　　　　　　（理研プレスリリースより）

[3-1] 力の左右を見分ける力学極性ゲル

振動を一方向の動きに変換

　平板型の「力学極性ゲル」を振動器の上に設置し、全体に振動を加えるとどのような動きを見せるのかという実証実験が行なわれた結果、ゲル上面に伝達される振動は著しく非対称化されることが実証されました。こうして得られる非対称振動を用いると、物体を一方向に移動させることができます。

　実験では、振動しているゲル上面に水滴を垂らすと、水滴が一方向に移動していくことが確認されています。振動器を垂直に立てれば、重力に逆らって水滴が垂直に上っていくことも確認されています。またゲルを風車状に配置することで、振動を回転運動に変換することにも成功しています。

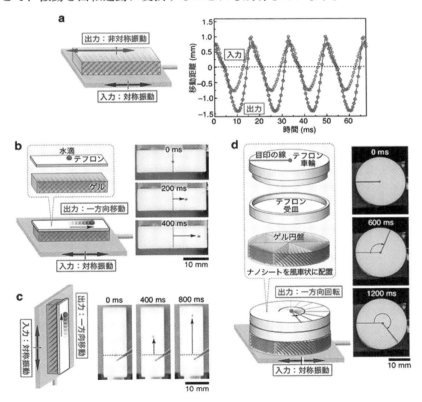

図3-3　a.振動が偏る。b.振動するゲル上の水滴が移動する。
c.水滴が重力に逆らって上昇。d.振動が回転運動に（理研プレスリリースより）

第3章 素材の新技術

その他の実験結果

　次に、「力学極性ゲル」の一部に局所的な力を加える場合についての実証実験も行なわれました。

　平板型のゲルの上面に円柱を寝かせ、円柱を鉛直方向に押し込むと、ゲルが左右非対称に変形するのが確認されています。また、鉄の小球をゲル平板の上に自由落下させると、小球は入射角から大きく右側に傾いた方向に跳ね返ることも確認されています。

　このように衝突物を非対称な方向に跳ね返す「力学極性ゲル」には、力を望みの方向に伝達する高機能スポーツ用品などへの応用が考えられるとのことです。

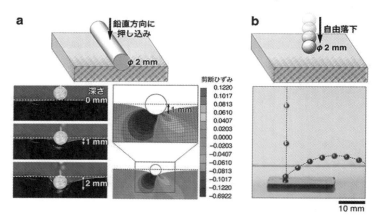

図3-4　a.円柱を押し込んだ時の非対称な変形の様子。
b.自由落下した小球の跳ね返りの様子（理研プレスリリースより）

　「力学極性ゲル」は、さまざまなサイズ・形状の物体を一方向に移動させる能力をもつ材料ですが、同時に「90％以上」が水で構成される**ハイドロゲル**であり、生体に優しい材料でもあります。そこで「力学極性ゲル」を使って生物を一方向に移動させられるのではないかとの着目点から、線虫の一種を移動させる実験も行なわれています。

　平板型のゲルの上面に「約20匹」の線虫を乗せ特殊な光学顕微鏡（偏光顕微鏡）で観察したところ、すべての個体が右方向に移動しはじめ、「40分後」にはゲルの右端に到達したという結果が得られています。

[3-1]力の左右を見分ける力学極性ゲル

　この結果は「力学極性ゲル」が物質のみならず生物に対しても一方向移動を誘起できることを示しています。今後、同様の走行方向制御が、線虫だけでなく細胞の遊走についても誘起されるならば、「細胞のクロマト分離」「幹細胞の未分化維持」「細胞組織の極性化」など、さまざまな応用へとつながる可能性があるとしています。

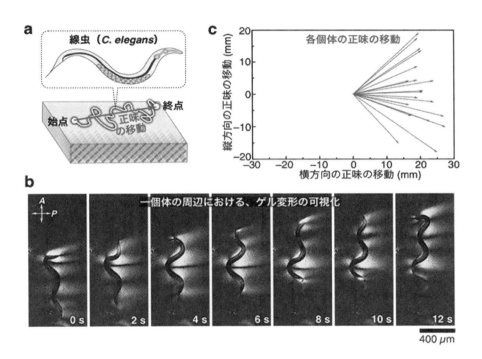

図3-5　「力学極性ゲル」が誘起する線虫の一方向走行(理研プレスリリースより)

第3章 素材の新技術

今後の期待

　今回発表された「力学極性ゲル」は、"乱雑振動を一方向振動に変換する"、"物体を一方向に輸送する"、"線虫の集団を一方向に走行させる"など、方向を制御する機能を見せてくれました。これらの機能にはそれぞれ、これまで捨てられていた「乱雑振動エネルギー」を回収するデバイス、力を望みの方向に伝達する高機能スポーツ用品、細胞の遊走や分化を制御する次世代型培地など、夢のある応用展開が期待できるとのことです。

　また、上述の機能はいずれも乱雑状態から秩序状態を作り出す、すなわちエントロピー増大に逆らう機能です。「整流ダイオード」や「光アイソレータ」に代表されるように、エントロピー増大に逆らう機能をもつ材料には、人々の生活様式を変え得る潜在的な波及効果があります。「力に対する極性」という前例のない物性によって、基礎・実用の両面に多大なインパクトをもたらすことが期待できます。

3-2 自動で折りたたんで立体化する折紙シート

1枚のシートを複雑にしかも自動で折りたたむことで立体造形できる、折紙シートの新技術を紹介します。

加熱で自動的に立体化する新技術

東京大学、宮城大学、Nature Architects(株)、エレファンテック(株)の共同研究グループは2023年7月24日、熱収縮性のシートに折紙のパターンを印刷し、そのシートを加熱することによって与えられた多面体を自動的に折る技術を発表しました(**図3-6**)。

折紙構造を自動で折る「**自己折り**」技術はこれまでにも提案されていましたが、従来技術では難しかった複雑な形状も自己折りできるとして、今後さまざまな分野での応用が考えられる新技術です。

図3-6　自己折りで作られた帽子(東京大学プレスリリースより)

次世代の立体造形手法

近年、3Dプリンタの発展によりさまざまな3次元形状を気軽に作成することができるようになりました。個人レベルでも3Dプリントが本当に身近なものになったと感じます。

一方で、立体造形の一歩先行く研究分野では、縦・横・高さの3D印刷に加えて、形状や機能などの時間的な変化も印刷により実現する「4Dプリント」と呼ばれる技術が注目を集めています。また、2次元の折紙を自動で折る自己折りの研究分野も3Dプリンタ普及以前から注目されていました。

第3章 素材の新技術

　4Dプリントや自己折りの造形上の利点として、現在の3Dプリントより造形時間が短い場合が多く、サポート材と呼ばれる造形時の余剰廃材が出ることもない点が挙げられます。このように4Dプリントや自己折りは環境に優しい次世代の立体造形手法として期待されています。

自己折りの課題ポイント

　折紙の研究分野では、理論上あらゆる多面体を1枚の紙から折れることが知られています。この研究をベースにシートから立体物へ自動変形させるのが自己折りです。ただ、これまでの研究では自動で折れる折り目や面の数は「最大100程度」までの単純な形に限られ、実用的な形状の作成は困難でした。また変形後にテープやノリで固定しなくてならないなど、自己折りのメリットがあまり活かせていないのが実情だったようです。

UVプリンタを活用

　本研究では工場などで使用される汎用的なUVプリンタに着目。UVプリンタはインクジェットプリンタのようにプリントヘッドから細かいインクの液滴を飛ばし、紫外線で硬化させることで印刷を行なうプリンタです。紙パッケージや樹脂プロダクト、金属製品の装飾に利用されています。

　インクジェット印刷の高解像度を活用することで従来自己折りの「1200倍以上」の解像度を実現。最大で「10万本以上」の折り目と「数万個」の面をもつ折紙シートを自己折りすることに成功したとしています。手で折ると数時間から数十時間の作業が必要になるような複雑な折紙パターンを数秒から数分で自己折りできるようになりました。

　造形のおおまかな手順は次のとおり（**図3-7**）。
①3次元モデルから2次元の折紙パターンを計算し、さらに熱収縮シートへ印刷するための印刷パターンへ変換。この際、トップコート、表面、裏面、接着用といった複数の印刷パターンを作成します。パターン設計のポイントは、インクを付着させず熱収縮シートが露出している部分を残すという点です。ここが折り目となります。

②印刷パターンを熱収縮シートに複数層重ねて印刷し、立体物の元となる折紙シートを完成させます。

[3-2]自動で折りたたんで立体化する折紙シート

③折紙シートを「約70〜100℃」の範囲で加熱します。熱収縮シートの露出している部分は熱で収縮する一方、インクで保護されている部分は収縮が抑えられるため、そこで折り目が形成されるという寸法です。インクジェット印刷の精細さを活かして露出部の幅を「0.1mmオーダー」で調整することで、折り目の角度を「0〜180度」の範囲で制御できるとしています(**図3-8、3-9**)。

図3-7　3Dモデルから自己折り立体物までの工程(東京大学プレスリリースより)

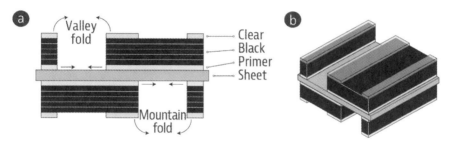

図3-8　折紙シートの断面図、熱収縮チューブの露出している部分が縮むことで折りたたまれる
　　　　(東京大学プレスリリースより)

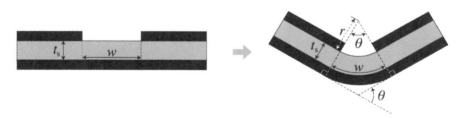

図3-9　露出部の幅で折り目の角度を調整(東京大学プレスリリースより)

第3章 素材の新技術

自由な形状を立体化可能に

　本研究では設計ソフトウェアの実装も行なわれています。既存の折紙パターンから印刷パターンへと変換する機能だけでなく、ユーザーが自由に入力した3Dモデルから自動で折紙パターンを計算し、そこから印刷パターンへ変換する機能も盛り込まれています。ユーザーが入力した任意の多面体を自己折りした成果は世界初だとしています（**図3-10、3-11**）。

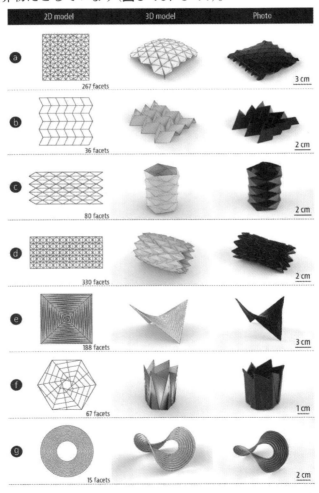

図3-10　従来から知られていた工学的な折紙パターンの自己折り事例
（東京大学プレスリリースより）

[3-2] 自動で折りたたんで立体化する折紙シート

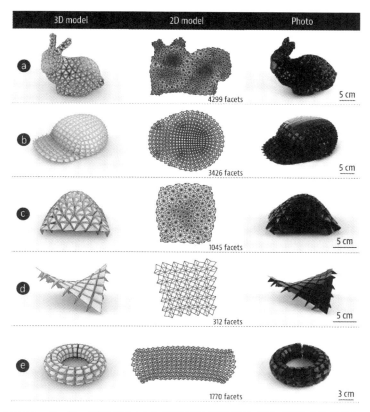

図3-11　ユーザーが自由に入力した3Dモデルの自己折り事例。複雑な折り目が多い
（東京大学プレスリリースより）

　また、UVプリンタがもともとはフルカラー印刷のための装置であることを利用して、フルカラーの折紙シートを一発で印刷することも可能。ジャケットや帽子のようなファッションプロダクト、お湯で立体化する色鮮やかな花束ギフト（**図3-12**）や、お湯で変形させると文字が読めるポストカード（**図3-13**）といった新しいアプリケーション事例が示されました。

83

第3章 素材の新技術

図3-12　1枚の折紙シートが花束ギフト（東京大学プレスリリースより）

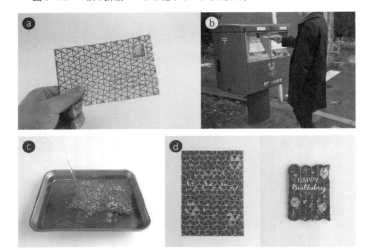

図3-13　お湯で変形させると内容がわかるポストカード（東京大学プレスリリースより）

今後の展望

　自己折りには、2次元の印刷で3次元の形状を実現できることから造形時間が短く、サポート材が一切発生しないことから環境負荷が小さく、変形前の状態で保管・運搬できることから省スペースを達成できるといったさまざまなメリットがあります。

　本手法は身の回りのあらゆる3次元形状を環境にやさしい2次元の方法で造形できる可能性を提示したものだとしており、また、今後の展望として手作業で折るのが難しい宇宙空間などでの活用が期待されます。

　さまざまな産業やデザインに自己折りが活用される時代が来るかもしれませんね。

[3-3] テラヘルツ波を高速検出するための吸収体

3-3
テラヘルツ波を高速検出するための吸収体

「6G」実用化のカギを握る技術のひとつ、「テラヘルツ波吸収体」を紹介します。

あまり聞き慣れない単語かもしれない「テラヘルツ波吸収体」とは一体何なのか。どういった用途に用いられるのか。そして今回発表された技術のポイントはどこにあるのか。といった部分を見ていくことにしましょう。

吸収率99％以上、従来の2倍以上の高速応答性

産業技術総合研究所（以下、産総研）の研究グループは2023年9月26日、テラヘルツ波の高い吸収性と高速熱応答性の両立に加え、製造性に優れた**「テラヘルツ波吸収体」**を開発したと発表しました。

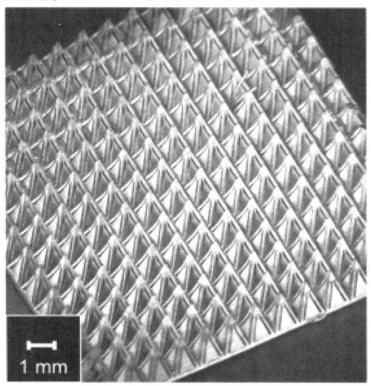

図3-14　開発されたテラヘルツ波吸収体（産総研プレスリリースより）

第3章 素材の新技術

「6G」の開発に欠かせない技術

現在スマホなどの通信システムとして「5G」の普及が進んでいる最中ですが、さらなる大容量通信を目的とした次世代の移動通信システム、いわゆる**「6G」**の研究開発も活発に進められています。

「6G」では超高速・大容量の無線通信を実現するために「0.1～0.3THz」のテラヘルツ波の利用が想定されています。

テラヘルツ領域は「電波」と「光」の間の電磁波でこれまであまり活用されてこなかった未踏領域だったので、そのようなテラヘルツ領域を扱う「6G」実現のためには新たな半導体送受信機器に加えて、テラヘルツ波を検出する高性能な「テラヘルツ波パワーセンサ」の実現も欠かせない開発要素です。パワーセンサによる光源の評価や検出器の校正は、光源や検出器の普及や基地局整備に不可欠な技術と言えるでしょう。

特にテラヘルツ領域の小型光源は高強度化が容易ではなく、要求されるパワーを満たすかどうか正確な検査を実施するために高精度な**パワーセンサ**が欠かせません。また「6G」に向けて大量生産予定の半導体光源を評価することに加え、光源の電流・電圧特性や周波数を変化させながら繰り返し測定を行なう必要があることから、高速に測定可能なパワーセンサが求められます。

このテラヘルツ波パワーセンサを構成する最重要パーツのひとつが「テラヘルツ波吸収体」です。吸収体がテラヘルツ波を熱に変換し、その際の温度上昇でテラヘルツ波の絶対強度を求めます。

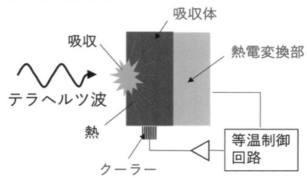

図3-15　テラヘルツ波を吸収し熱に変換、熱で得られた電力からテラヘルツ波の強度を求めるという仕組み(産総研プレスリリースより)

[3-3] テラヘルツ波を高速検出するための吸収体

要件を満たすパワーセンサが無い

　このように重要な役割をもつパワーセンサですが、その他の帯域向けで市販されているパワーセンサと同等以上の精度と応答速度を有する「6G」テラヘルツ帯向けのパワーセンサはこれまで開発されていませんでした。

　これは、パワーセンサの精度を特徴付ける「テラヘルツ波吸収体」の吸収率が「6G帯」で急激に低下することに起因します。吸収率を向上させるにはピラミッド構造のような3次元構造が有利ですが、それはそれで体積の増加により温度上昇速度が損なわれ、応答速度が低下してしまうといった問題を抱えていたのです。

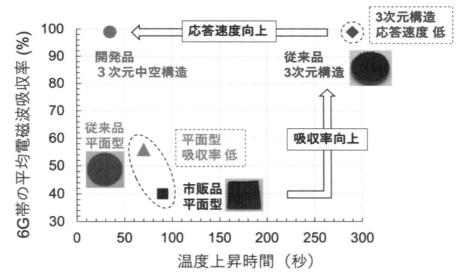

図3-16　吸収率や応答速度を改善する必要があった（産総研プレスリリースより）

第3章 素材の新技術

技術概要

　こういった背景のなか「6G帯」における「テラヘルツ波吸収体」の課題を克服すべく、産総研が開発に着手します。

　今回発表された産総研の「テラヘルツ波吸収体」の大きな要点は次の2つ。

①スリットや空孔が設けられた樹脂の中空ピラミッド構造
②構造体表面に厚さ「1〜100nm」の金属薄膜を形成

　まず、①について。中空ピラミッド構造の利点のひとつとして3次元構造を形成することでテラヘルツ波の反射率を小さくすることができるという点が挙げられます。また、体積の小さな中空構造にすることで温度上昇速度に影響する熱容量を小さくすることにもなります。

　ただ一方で、「6G帯」における樹脂のテラヘルツ波吸収率は「10%以下」と極めて低いため、反射率を小さくしても吸収率を高めることはできず、ほとんどのテラヘルツ波が樹脂を透過してしまいます。また、樹脂の熱伝導率は低いため、熱容量を小さくしても高速な温度上昇速度を実現することはできません。この弱点を補うのが②の内容となります。

　②の薄い金属薄膜は吸収層として利用できるため、樹脂の非常に小さな吸収率を補うことができます。また、金属薄膜の熱容量は小さく、金属薄膜がテラヘルツ波を吸収することにより発生した熱エネルギーで金属薄膜に大きな温度上昇が生じます。さらに金属薄膜の熱伝導率は樹脂よりも1桁以上大きいため、金属薄膜で発生した熱エネルギーは樹脂ではなく金属薄膜の方向に伝わります。この効果により金属薄膜層全体が樹脂よりも高速に温度上昇し、単なる樹脂中空構造体よりも温度上昇速度を向上させることができるとしています。

　また、本研究では考案した吸収体を実際に作製するため3Dプリンタ技術を用いています。複雑な形状を高精度に造形できることに加えて製造速度も飛躍的に向上していることから、最適な構造体の検討に貢献したようです。

　金属薄膜の形成には3次元中空構造の表面に均一な厚みの金属薄膜層を形成できる無電解めっきプロセスを開発。従来テラヘルツ吸収膜に使われてきた「ニ

[3-3] テラヘルツ波を高速検出するための吸収体

クロム」等の金属よりも導電率が小さな「ニッケルリン無電解めっき膜」を選択することで表皮深さを厚くし、「数nm」の膜厚変化に対して光学特性がほぼ変動しない吸収膜を実現しているとのこと。これにより透過率・反射率・吸収率が最適となる膜厚に調整しやすい金属薄膜を実現しています。

これまでもピラミッド構造のような3次元構造にすることで吸収率を高めた技術はありましたが、本研究では中空ピラミッド構造と薄い金属膜を組み合わせた吸収構造にすることで、高い吸収率だけでなく高速な温度上昇速度も兼ね備えた「テラヘルツ波吸収体」が完成しました。

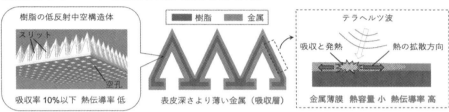

図3-17 高い吸収率と高速な温度上昇速度を両立するテラヘルツ波吸収体の概念図
（産総研プレスリリースより）

従来技術との性能の違いをまとめたのが（図3-18）となります。今回開発した「3次元中空構造」の「テラヘルツ波吸収体」が、吸収率と温度上昇時間（応答速度）の両方でとても優れた結果を出しているのが分かります。

	市販品 平面型	従来品 平面型	従来品 3次元構造	開発品 3次元中空構造
	厚さ650 μm	厚さ350 μm	構造高さ2 mm	構造高さ2 mm
6G帯の平均電磁波吸収率	40%	56%	99%以上	99%以上
温度上昇時間	90秒	70秒	300秒	35秒

図3-18 開発品と従来吸収体の性能比較（産総研プレスリリースより）

3Dプリント技術で自由な形状が可能に

また、今回の3Dプリンタを使った製造方法は吸収体の大面積化が容易であることに加え、湾曲・円筒・球面などのさまざまな形状を実現できます。このような吸収体を用いれば特定の方位から伝搬するテラヘルツ波を高効率に検出できるようになります。

この特徴を利用するとテラヘルツ波の絶対強度だけでなく、離れた位置のアンテナから放射されるテラヘルツ波の分布や広がり幅の測定などが可能になると期待され、テラヘルツ波検出技術のさらなる高度化に繋がると考えられています。

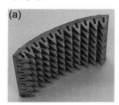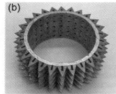

図3-19　3Dプリンタ技術で製造された自由曲面型吸収体（産総研プレスリリースより）

今後の展望

研究グループでは引き続き「6G」向けパワーセンサに関する研究開発を進め、社会実装を目指すとしています。また3Dプリンタの形状自由度と金属薄膜形成プロセスおよび電磁設計技術を応用することで吸収特性だけでなく反射特性・透過特性・偏光特性を自在に制御。その技術を基本として「6G」向け高機能部材の研究開発を推進していくとのことです。

[3-4] 水中でも使える超薄型有機太陽電池

3-4
水中でも使える超薄型有機太陽電池

　ウェアラブルデバイスなどの電源として期待されている「超薄型有機太陽電池」詳細や、耐水性を得られた仕組みについて紹介します。通常の電池とは何が違うのでしょうか。

着る太陽電池への大きな一歩

　2024年2月1日、理化学研究所（以下、理研）をはじめとする国際共同研究グループより、水中でも駆動可能な耐水性を備える**「超薄型有機太陽電池」**の開発に成功したとの発表がありました（図3-20）。

　耐水性の備わった超薄型有機太陽電池は、「ウェアラブルデバイス」や「e-テキスタイル」の電源応用などに大きく貢献することが期待されています。

図3-20　水中で長時間駆動する超薄型有機太陽電池（理研プレスリリースより）

有機太陽電池とは

　まず有機太陽電池とは、読んで字のごとく有機半導体を材料に用いた太陽電池です。塗布プロセスを用いて大量生産できるため安価で、薄く作れば軽量で柔らかいことから次世代の太陽電池として注目されています。

　一方、私たちが一般的に太陽電池と聞いて真っ先に思い浮かべる、家屋の屋根や広場に設置されているソーラーパネルは、シリコン結晶などの無機半導体を主な材料とする無機太陽電池と呼ばれるものです。

第3章 素材の新技術

有機太陽電池と無機太陽電池の主な違いには、次の事項が挙げられます。

①製造コスト

一般的な無機太陽電池の製造には高温真空状態の工程が多くあり、大掛かりな設備が必要でコスト高の要因となっています。一方、有機太陽電池は印刷技術を応用して製造できるため、安価に製造できます。

②柔軟性

柔軟性は有機太陽電池の大きな利点のひとつです。昨今は柔軟性を謳った無機太陽電池も登場していますが、それはある程度の曲げ率で湾曲できるという程度のもので、クシャクシャに丸められるところまではできません。完全に折り曲げた状態でも駆動できるのが有機太陽電池です。

③性能

発電効率などの性能面では無機太陽電池がリードしており、性能向上は有機太陽電池のこれからの課題となっています。

④耐久性

耐久性も有機太陽電池の弱点です。無機太陽電池は耐久性が高く寿命も「30年」はもつとされていますが、有機太陽電池は紫外線などが原因で劣化が進み「数百〜数千時間」のオーダーで発電効率が下がってしまいます。今回の記事のテーマである耐水性に関しても無機太陽電池なら何の問題も無く、海中太陽電池の研究が進んでいるほどです。

求められる用途では水との接触が避けられない

超薄型有機太陽電池が求められる分野には、先でも少し述べたウェアラブルデバイスやe-テキスタイルが挙げられます。

ウェアラブルデバイスとは、手首や腕、頭などに装着するコンピュータデバイスのことです。**e-テキスタイル**とは、センサやマイクロチップなどの電子機器を衣料や布地（テキスタイル）に埋め込んで、情報収集や遠隔管理など従来では得られなかった新しい機能を備えたテキスタイル素材のことです。

これらの新デバイスと、環境からエネルギーを取得する「エナジーハーベスト技術」を組み合わせることで、外部からのエネルギー供給が不要なセンサを

[3-4] 水中でも使える超薄型有機太陽電池

実現する研究が盛んに行なわれています。そのエナジーハーベスト技術の一種として超薄型有機太陽電池が注目されているのです。

そしてウェアラブルデバイスといえば私達の生活に密着して用いられるもののため、雨天、結露、手洗い、洗濯など、日常生活で求められる耐水性は必須です。

理研らの国際共同研究グループでも、超薄型有機太陽電池の耐水性を向上させるために封止膜を利用した新構造などの研究を進めてきていました。しかし思ったような効果が得られず、有機太陽電池の構造を根本的に改善する必要性に迫られていたのです。

有機太陽電池が水で劣化する理由

今回の研究成果について説明する前に、そもそもなぜ有機太陽電池は耐水性が必要なほど水に弱いのかという点に触れておきましょう。結論から述べると、有機太陽電池の内部構造のうち「正孔輸送層」という部分が水にとても弱く、水に触れるとすぐに発電効率が低下してしまうからです。

正孔輸送層とは陽極と発電層の間に作られる層で、発電層から陽極に効率的に正孔を輸送する役割をもっています。正孔輸送層の無い有機太陽電池は発電層の正孔がうまく陽極に抽出できないため、発電効率が著しく低くなります。

正孔輸送層は発電効率向上のために重要ですが、これが原因で水に弱いという弱点にもなっていたのです。

正孔輸送層を無くすことに成功

今回発表された研究成果によると、国際共同研究グループは、銀を酸化させると仕事関数（1個の電子を取り出すのに必要な最小エネルギー）が増加することに着目し、陽極に使用している銀の発電層界面を酸化させて酸化銀とすることで、正孔輸送層が無くとも発電層から陽極に正孔を効率的に輸送できる「正孔輸送層フリー」の有機太陽電池の作製に成功したとのことです（図3-20）。

第3章 素材の新技術

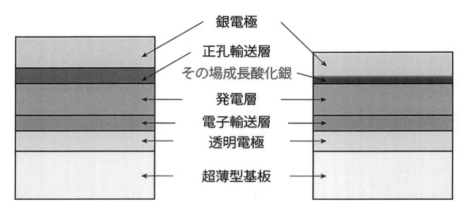

図3-20 従来の有機太陽電池(左)と、正孔輸送層を省いて代わりに酸化銀の層を作った新構造の有機太陽電池(右)の模式図(理研プレスリリースより)

　正孔輸送層を抜いた状態の有機太陽電池は、エネルギー変換効率がたった「0.2%」に落ち込んでしまいます。この有機太陽電池を大気中で「24時間」加熱処理すると陽極と発電層との界面において銀が酸化し酸化銀の層が形成されます。酸化銀の層を作ることでエネルギー変換効率は「14.3%」まで改善しています(図3-21)。

[3-4] 水中でも使える超薄型有機太陽電池

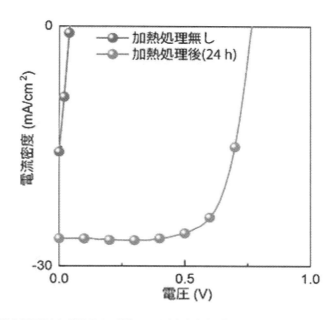

図3-21 有機太陽電池を加熱処理する前後での電流密度変化。「電圧0」の電流密度と、「電流密度0」の電圧値、それぞれの絶対値が大きいほど性能が良いことを示す。加熱処理で大きく向上していることが伺える(理研プレスリリースより)

　陽極／発電層界面において銀を酸化させる技術は、国際共同研究グループが超薄型太陽電池の耐熱性を向上させるために長年培ってきた技術によって初めて実現できたものとしています。
　こうして水に弱い正孔輸送層を排除することで、有機太陽電池の耐水性を高めることに成功しました。

さまざまな検証結果

　国際共同研究グループが発表した各種試験の検証結果についても見ていきましょう。

　まずは、従来正孔輸送層の「酸化モリブデン／銀」(MoOx/Ag)と、新技術の「酸化銀／銀」(AgOx/Ag)による、陽極と発電層界面との密着性の強さを比較する引っ張り剥離比較から。そもそも従来の正孔輸送層が水に弱い原因は、酸化モ

リブデンの接着力が弱くて水中に浸漬すると容易に剥がれてしまうからのようです。

検証結果によると酸化銀の接着力は酸化モリブデンの2倍以上に向上していました(図3-22)。

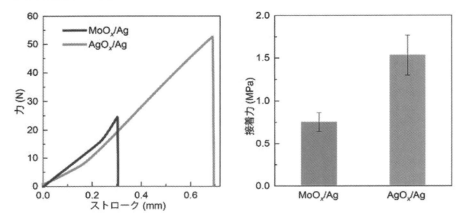

図3-22 酸化モリブデンと酸化銀の発電層界面での接着力評価(理研プレスリリースより)

水中に長時間浸漬した際のエネルギー変換効率の保持率の比較では、従来の酸化モリブデンが2時間でエネルギー変換効率「0%」へ落ちたのに対し、酸化銀の場合は4時間後でも「89%」を保持していました(図3-23)。

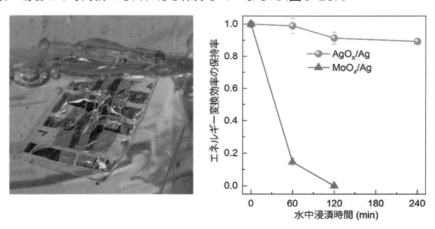

図3-23 水中浸漬時の時間経過によるエネルギー変換効率の推移(理研プレスリリースより)

[3-4] 水中でも使える超薄型有機太陽電池

　水中で「30%」の圧縮歪みと復元を繰り返す変形を「300回」加えた後も、エネルギー変換効率は「96%」をキープしていました（図3-24）。

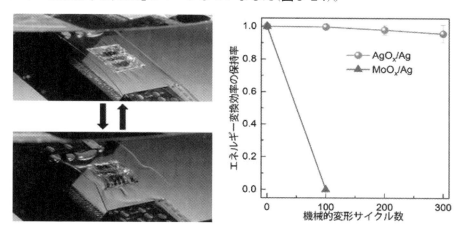

図3-24　水中で歪みと復元を繰り返す試験。酸化モリブデンの方は「100回」のサイクルで素子が破壊された（理研プレスリリースより）

今後の展望

　今回発表のあった研究成果は、超薄型有機太陽電池の陽極と発電層の密着性を酸化銀によって高めて、界面接着を強化することで耐水性を高めるというものでした。

　今後は高いエネルギー変換効率と耐水性を両立する発電層材料の開発を進めることで、さらに耐水性を改善した有機太陽電池も実現可能としています。

　そうして作製した耐水性と柔軟性に優れた超薄型有機太陽電池は、衣服に張り付ける環境エネルギー電源となります。近い将来、衣服を購入する際はデザインとサイズの他に「充電能力」も気にするようになるかもしれませんね。

第3章 素材の新技術

3-5
新素材の二次元材料テープ

　二次元材料デバイスの生産性を著しく向上できるアイテム「二次元材料テープ」を紹介します。

世界初の二次元材料テープ

　2024年2月13日、九州大学、日東電工、二次元材料研究所、中央大学、大阪大学、産総研らの研究グループは、NEDOの支援を受けて、紫外線で粘着力が低下する二次元材料に特化した機能性テープを開発したと発表しました（図3-25）。

図3-25　二次元材料のテープ転写イメージ（左）　単層グラフェンのテープ転写イメージ（右）
（産総研プレスリリースより）

　しかし、世界初とは言うものの、言ってしまえばただの粘着テープ。これにどういった凄さがあってテクノロジの発展にどう結びつくのか、なかなか想像しづらい面もあるかと思います。ここでは二次元材料の優位性や抱えていた問題、そこに今回の機能性テープがもたらす光明といった視点から解説を進めていきます。

[3-5] 新素材の二次元材料テープ

次世代デバイス材料として期待される二次元材料

　二次元材料とは、「グラフェン」に代表される「原子1個分」の厚みしかない究極的に薄い原子シートのことを指します。このような二次元材料はポストシリコン半導体、次世代通信、フレキシブルデバイス、光・磁気・バイオセンサなど将来のエレクトロニクス産業で重要な役割を果たすと期待されています。

　たとえばグラフェンは物質中で最高のキャリア移動度を示すことから、集積回路や各種センサへの応用が進められています。その他にも「遷移金属ダイカルコゲナイド」や「六方晶窒化ホウ素」といった材料が注目を集めています。

　さらに、これら二次元材料を積層することでより多様な物性が得られ、デバイス特性もより一段と向上することがわかっています。

二次元材料は生産性に難あり

　これらの二次元材料によるデバイス作成には、材料の合成に使用していた成長基板から実際のデバイスとなるシリコン基板やプラスチック基板の上へ二次元材料を移す「転写」というプロセスが必要です。

　たとえばグラフェンは銅触媒の上に「化学蒸着法」（CVD法）と呼ぶ方法で大面積に合成できますが、銅触媒の上ではグラフェンの特性を活かせないので、合成したグラフェンをシリコン基板の上へ移す必要があります。原子1個分の厚みしかないグラフェンがどれだけ脆いかは想像に難くないので、破れてしまわないよう慎重に慎重を重ねて転写を行なわなければなりません。一般的な転写プロセスは次のような流れになります（**図3-26**）。

(a) サファイア基板上の銅触媒上でCVD法によりグラフェンを合成します。
(b) グラフェンを高分子保護膜で保護します。
(c) エッチング液に浸します。
(d) 銅触媒のみが溶けて、グラフェンとサファイア基板が分離します。
(e) 高分子保護膜で保護された状態のまま、グラフェンをシリコン基板上に移します。
(f) 有機溶媒で高分子保護膜を除去することでシリコン基板上にグラフェンのみが残ります。

第3章 素材の新技術

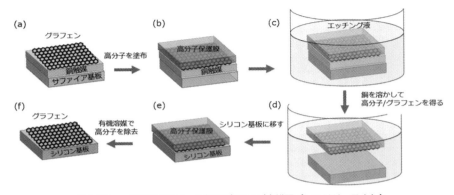

図3-26　一般的なグラフェン転写プロセス（産総研プレスリリースより）

このプロセスにはさまざまな課題が潜んでおり、たとえば、
・高分子で保護していてもまだ破れやすく、転写には熟練研究者のスキルが必要。
・有機溶媒を用いるのでプラスチック基板に使えない。
・高分子を完全除去するのが難しく残留してしまう。
・エッチングに時間がかかる上、銅を溶かすので再利用できず環境負荷も高い。
・大面積になるほど破れやすいので、大面積基板に使えない。
といった多くの課題を抱えています。

破れや汚染が無く作業者を選ばない、大面積の基板に使える転写法が求められていました。

粘着力を変化させてキャッチ・アンド・リリース

そして今回、上記の課題を克服する新たなテープの開発に成功したのです。

さまざまな機能性テープを検討した結果、紫外光（UV光）を照射すると粘着力が「1/10程度」に小さくなるテープ（UVテープ）を用いることで、高効率なグラフェンの転写を実現しました。この研究のポイントは、粘着力が強い状態でUVテープをグラフェンに密着させることでしっかりテープ側に「キャッチ」して、UV光で粘着力が弱まった状態で「リリース」して基板に移す、という「キャッチ・アンド・リリース」のアイデアです。

科学的には、UV光でグラフェンと粘着剤の「ファンデルワールス力」を制御して転写に繋げています。本研究では、効率的にグラフェンに適したテープを

[3-5] 新素材の二次元材料テープ

開発するため、AIを駆使して研究開発を行ない、最高で「99%」の転写率を達成しました。さらに、従来の高分子転写よりも欠陥や残渣が少なく、かつ転写を短時間で行なうこともできるようになったとしています(**図3-27**)。

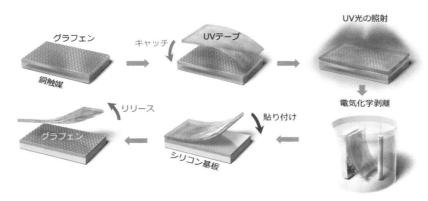

図3-27　UVテープによるグラフェンの革新的転写法(産総研プレスリリースより)

UVテープによる転写と従来の高分子保護膜を用いた転写を比較すると、UVテープのほうが従来より破れや残渣が大幅に少なく、かつ表面が平滑であることが確認されています。またグラフェンのトランジスタを作成し、グラフェン中のキャリア移動度を測定したところ、UVテープのほうがより高い移動度分布を得られたとのことです(**図3-28**)。

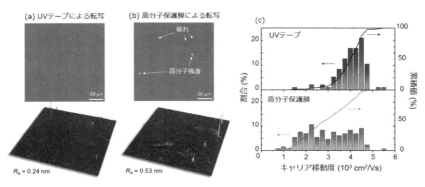

図3-28　UVテープ転写と高分子保護膜転写の顕微鏡像(左、中央)と、キャリア移動度の比較(右)
(産総研プレスリリースより)

第3章 素材の新技術

他の二次元材料でも実証済み

研究グループは今回グラフェンだけでなく、遷移金属ダイカルコゲナイドや六方晶窒化ホウ素の転写についても実証を行なっています。代表的な遷移金属ダイカルコゲナイドのひとつ「二硫化モリブデン」ではとてもきれいな転写が行なわれ、作成したトランジスタも良好な特性が得られたとしています。

加えて、六方晶窒化ホウ素とグラフェンを交互に積層させていく積層転写にも成功しています(図3-29)。

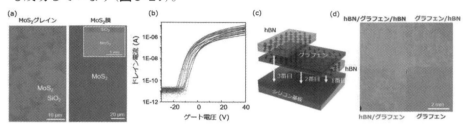

図3-29　二硫化モリブデン転写の顕微鏡写真とトランジスタ特性(左、左中)、六方晶窒化ホウ素とグラフェンの複数回積層転写イメージと顕微鏡写真(右、右中)(産総研プレスリリースより)

またUVテープは高分子膜と違い、ある程度の硬さがあるのではさみなどでカットできます。たとえば二硫化モリブデンをキャッチしたテープをはさみでカットして、得られた小さなテープを所望の位置に貼り付けて転写し、最後に電極を取り付ければ、簡単に多数の二硫化モリブデンデバイスが得られます。

この方法の利点は、必要なところだけに二次元材料を貼り付ければ良いので大幅に材料を節約できる、つまり省エネルギー、低コスト、低環境負荷につながることにあります(図3-30)。

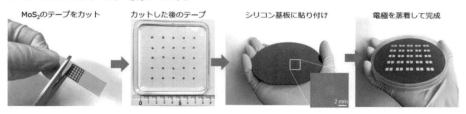

図3-30　テープをカットして必要なところに転写できるので材料の使用量を大幅に減らすことができる
(産総研プレスリリースより)

[3-5] 新素材の二次元材料テープ

さまざまな素材や形状に転写可能

UVテープによる転写は有機溶媒を使わないのでさまざまな素材に転写可能です。さらにテープは柔軟性をもつのでさまざまな形状にも転写できます(図7)。

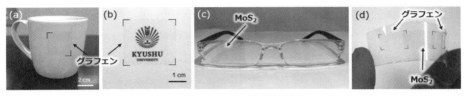

図3-31　マグカップやメガネ、フレキシブルなプラスチック基板などさまざまなものへ転写できる
（産総研プレスリリースより）

転写スキルが無くとも二次元材料を使えるように

今回の技術は極めてユニークで革新的な転写法です。研究グループは今後多くの研究者が同技術を使えるようにして、二次元材料研究の活性化や二次元材料の新たな応用分野の開拓、そして新産業創出につなげていきたいとしています。

また、現在は最大で「4インチ」のグラフェン転写まで成功していますが、今後を見据えてより大きなウエハーレベルでの転写を各種二次元材料で目指していくとのこと。

多くの研究者が気軽に二次元材料デバイスを使えるようになって研究開発が加速し、何か新しい面白いことが始まるかもしれない。そんな期待に繋がるのが今回紹介した二次元材料テープです。

3-6
バイオミネラル液晶で形成されるフォトニック材料

　生体形成の仕組みを参考に作られた、バイオミネラル液晶によるフォトニック材料を紹介します。

サメ歯の成分を人工合成、…からのフォトニック材料へ

　東京大学大学院工学系研究科の研究グループは2024年7月12日、強靭なサメの歯の無機成分である「フルオロアパタイト」を主成分とした「棒状ナノハイブリッド」を用いて、構造色を示す**「フォトニック材料」**の開発に成功したと発表しました**(図3-33)**。

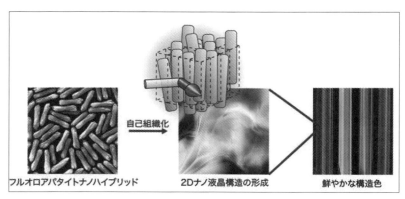

図3-33　フルオロアパタイトナノハイブリッドからなる構造色を示すフォトニック材料
（東京大学プレスリリースより）

　サメの歯からフォトニック材料へと、一見すぐには結びつかないような事柄はどのように結びついているのか、詳細を見ていきたいと思います。

　なお、フルオロアパタイトは「リン酸カルシウム無機結晶」の1つで、先で述べたように自然界ではサメの歯などにおいて見られます。ヒトの歯や骨を構成する主要な無機成分である「ヒドロキシアパタイト」がフッ素置換された構造をもち、生体親和性が高くヒドロキシアパタイトよりも耐酸性に優れるという特性をもちます。

[3-6] バイオミネラル液晶で形成されるフォトニック材料

　東京大学の研究グループは2018年にヒドロキシアパタイトの液晶化による配列制御に成功しており、今回はそれのフルオロアパタイト版とも言えるでしょう。

構造色のフォトニック材料研究が盛んに

　自然界にはクジャクやタマムシ、モルフォ蝶などの鮮やかな発色を示す生物が多く存在しています。そうした発色は体表にあるナノ構造における光の散乱・反射に由来しており、このような発色を「構造色」と呼びます。

　物質の構造由来の発色であるため色素や顔料とは違って退色することがなく、SDGsやカーボンニュートラルの観点からも構造色は注目されています。
　そして人工的にナノ構造を作り、鮮やかな色材としてだけでなく光を制御するフォトニック材料として利用する研究も盛んに行なわれてきている背景がこれまでにありました。

　たとえば、棒状や板状の粒子が水中で自発的に配向すると、ナノ構造を持つ液晶を形成します。そして特定の液晶材料はナノ構造に基づく構造色を示すのです。
　この液晶からなるフォトニック材料は従来の固体材料とは異なり流動性があるため粒子の配向制御や外部からの刺激により変化を引き起こすことができるので、光を制御するツールとして色々な応用が考えられます。また液晶のフォトニック材料であれば塗料のように塗布することも可能です。

　なかでも棒状粒子は板状粒子に比べて配向制御が容易であるという利点があり、広い応用が期待されていました。しかし、これまでの棒状粒子を用いた構造色を示す液晶ナノ構造は1次元的に積み重なった構造が多く応用が限定されていました。2次元に集合した液晶性フォトニック材料を開発することができれば、粒子の配向制御により光をリアルタイムで自在に操れる可能性があるとも期待されていたのです。

第3章 素材の新技術

自然のメカニズムから着想を得た合成方法

　本研究では、サイズの揃った棒状の「フルオロアパタイトナノハイブリッド」を合成し2次元に集合させることで、虹色に輝くフォトニック材料の開発に成功しました。ナノハイブリッドは生物が骨や歯を形成するメカニズムである「バイオミネラリゼーション」に着想を得て合成しています。

　バイオミネラリゼーションとは自然界における貝殻真珠層や骨といった生体硬組織(バイオミネラル)の形成メカニズムです。タンパク質などの生体高分子と無機イオンとの相互作用によって結晶成長が緻密に制御されていると考えられています。
　これにより、フルオロアパタイトからなるナノサイズの棒状ハイブリッドを室温で合成することに成功したとしています。

　粒子の形状観察と構造解析は「走査型電子顕微鏡」と「透過型電子顕微鏡」を活用して行い、合成条件を最適化することによって「長さ600〜886nm」、「直径129〜228nm」という非常にサイズ分布の狭い大きさの揃ったフルオロアパタイトナノハイブリッドを合成しています。また、それらの粒子は「直径5nm」の小さなフルオロアパタイトの微結晶の集合体であることも明らかにしました(**図3-34**)。

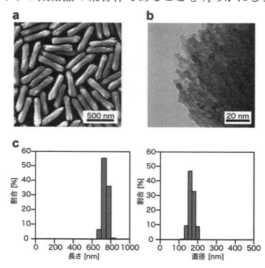

図3-34　走査型電子顕微鏡像(左)、透過型電子顕微鏡像(右)、
合成されたフルオロアパタイトナノハイブリッドの長さと直径のサイズ分布グラフ(下)(東京大学プレスリリースより)

[3-6] バイオミネラル液晶で形成されるフォトニック材料

　なおフルオロアパタイトナノハイブリッド自体は歯のような白色を示しますが、特定の濃度に調製することで液晶を形成し、青、緑、黄、赤などの発色を示しました。非常に鮮やかな発色を示し、その反射率は「50％以上」にも及んだとしています(図3-35)。

　また、クジャクやタマムシで見られる構造色のように、見る角度によって色が変わる様子も観察されたとのこと。

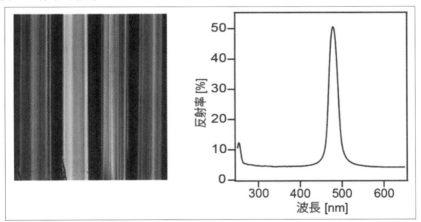

図3-35　構造色を示すフルオロアパタイトナノハイブリッドの写真(左)、緑構造色の反射率測定結果(右)
(東京大学プレスリリースより)

ゲルに閉じ込めることで動的な構造色を実現

　本研究では、合成したフルオロアパタイトナノハイブリッドを高分子ネットワークでできたゲル中に閉じ込めて、動的な構造色を示すソフトマテリアルを得ることにも成功しています。

　合成したゲルは鮮やかな構造色を維持したまま、見る角度によって色が変化する性質を示したとのこと。このゲルに圧縮を加えることで起きる、ナノ構造変化に起因した色の変化も観察されています。

　この圧縮による色変化は、10回に及ぶ変形でも繰り返し観察することに成功。また、電子顕微鏡観察によって、高分子ネットワークが粒子同士を緻密に繋ぎ合わせている様子も明らかにしました(図3-36)。

第3章 素材の新技術

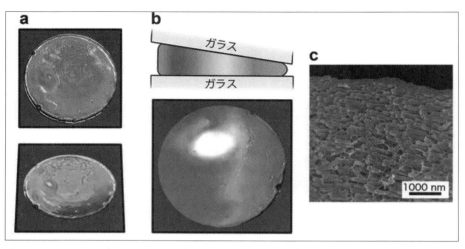

図3-36 フルオロアパタイトナノハイブリッドを閉じ込めたゲル。異なる角度から見たときの違い(左)、ゲル圧縮時の模式図と写真(中)、ゲルの走査型電子顕微鏡像(右) (東京大学プレスリリースより)

今後の展望

　本研究で開発した水とフルオロアパタイトナノハイブリッドからなる構造色を示すフォトニック材料は、地球にやさしい色材としてだけでなく、微量タンパク質検知センサ、光を操るための光学材料、またフルオロアパタイトは生体親和性が高いので人工骨やインプラントなどのバイオ応用などなど、幅広い分野での実用化が期待されています。

第4章

光の新技術

この章では「ダイオード」「光ファイバ」などの光に関係する新技術を紹介します。
光は映像や通信に使われるだけでなく、電力供給にも使われる可能性をもっており、
光に関する研究の中にはノーベル物理学賞などの賞に選ばれるようなものもあります。

4-1

埋込フォトダイオードでエミー賞受賞

2023年、映像技術に多大に貢献したものに送られるエミー賞を受賞した「埋込フォトダイオード」について解説します。

果たして、どのような部分が革新的なのでしょうか。

静岡大学の寺西信一特任教授とNECがエミー賞を受賞

2023年2月、静岡大学電子工学研究所の寺西信一特任教授とNECは、全米テレビ芸術科学アカデミーが主催する「第74回技術・工学エミー賞」を受賞したと発表がありました。

エミー賞は放送業界の大きな業績を顕彰する国際的にもっとも権威のある賞で、ジャンル別に賞が設けられています。「技術・工学エミー賞」は、テレビ技術の大幅な改善や革新的な技術開発や標準化に貢献した個人、企業、組織に贈られる賞です。

受賞理由は、"現在ほとんどのイメージセンサで用いられている**「埋込フォトダイオード」**技術の発明と開発"となっています。

1970年代〜1980年代頃に「埋込フォトダイオード」をはじめとしたイメージセンサ技術の開発に携わり、イメージセンサの普及に大きく貢献したことが評価され、NECと当時NECに勤務し技術的リーダーの役割を担った寺西信一氏が受賞の運びとなりました。

109

第4章 光の新技術

「埋込フォトダイオード」とは

　ダイオードと聞くとピカピカ光る「発光ダイオード」(LED)が一番に思い浮かぶかもしれません。「LED」の原理は、半導体の「pn接合」に順バイアス電圧を印加したときに発生する接合部分での電子と正孔の再結合の際、余ったエネルギーが光として放出されるというものです。

　これとまったく逆の現象を利用するのが「フォトダイオード」(PD)で、半導体の「pn接合」に光を当てると発生する起電力を使って光を電気に変換します。この「PD」を利用してイメージセンサを作れないかという試みが1960年代頃よりスタートしました。

　1970年代には「**CCD**」(Charge-Coupled Device)が登場します。「CCD」は電荷を取り出して転送する技術で、「PD」の起電力で生じた電荷を転送し増幅することで電気信号として扱えるようにしてくれます。「CCD」は構造が単純でイメージセンサのような大規模アレイを構築するのに向いていたことから、「CCD」と「PD」を組み合わせたイメージセンサの研究が盛んに行なわれました。

　「CCD」を用いたイメージセンサでは、1画素に相当する「PD」に光が当たると電荷が溜まり、一定時間ごとに「CCD」のスイッチをオンにして「PD」から電荷を流し転送します。この一定時間のあいだに沢山電荷が溜まっていればより強い光が当たっていると判断できるわけです。

　ところが、従来の「PD」では一発ですべての電荷を「CCD」へ流しきれないという問題がありました。「PD」に残った電荷は次の転送の際に余分な電荷としてまとめて流れ出るので、これが「残像」や「ノイズ」として映像に影響を及ぼしていたのです。

　そこで登場したのが「埋込フォトダイオード」という技術です。従来、露光部分で表面に露出していた「PD」のn型半導体の上からp型半導体を被せ、まさに"埋め込む"ような形にすると、すべての電荷を一発で「CCD」へ流しきることができるようになったのです。

　その後、「CMOS」を用いたイメージセンサでも「埋込フォトダイオード」が用いられるようになりました。現在はほぼすべてのイメージセンサで受光部に「埋込フォトダイオード」の技術が用いられています。

[4-1] 埋込フォトダイオードでエミー賞受賞

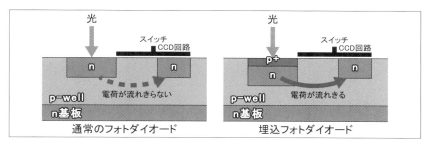

図4-1　通常のフォトダイオードと埋込フォトダイオードの違い。

イメージセンサの性能は飛躍的に向上し、あらゆる分野に進出

「埋込フォトダイオード」の登場によってイメージセンサの残像やノイズが大きく改善されたことにより、イメージセンサは実用化に至ります。

イメージセンサの登場によって、それまで「撮像管」を用いていた大きくて重いビデオカメラは片手で簡単に持てるサイズにまで小さくなり、1980年代〜1990年代にかけて一般家庭でもビデオ撮影が普及していきました。

受賞した寺西信一氏は、プレスリリースのコメントでも、

> ……1978年ごろ、ビデオカメラには撮像管が使われていました。そのころの目標は、ビデオカメラの最高峰である放送局用カメラに固体イメージセンサを使用してもらうようにする、でした。私共の発明である埋込フォトダイオードの貢献もあり、1990年代に放送局用カメラに固体イメージセンサが使用されるようになり、開発メンバーで大いに喜びました。

と、当時を振り返っています。

その後、イメージセンサの高密度化が進み"メガピクセル"に到達するとデジタルカメラが登場。いまや各人の持つスマホには必ずカメラ機能が搭載されています。現在のSNS社会は「埋込フォトダイオード」によって成り立った……と言っても過言ではないのかもしれません。

その他、医療、ロボットドローン、車載、パソコン、ゲームなどなど、現在はあらゆる分野でイメージセンサが活用されています。その礎を築いたとして、エミー賞受賞に相応しい技術と言えるでしょう。

第**4**章　光の新技術

4-2
光ファイバでの電力供給技術

光ファイバで遠方に電力を供給する「光ファイバ給電」について紹介します。

光ファイバで「10km以上先」へ電力供給

　NTTと北見工業大学の研究グループは2023年8月29日、1本の通信用光ファイバを用いて高速かつ良好な通信品質を維持したまま「10km以上先」の無電源地点へ「1W以上」の電力を供給することに世界で初めて成功したと発表しました。

　光ファイバ1本で通信と給電が両立できるとさまざまなメリットや応用が考えられます。今回はこの光ファイバ給電について見ていきましょう。

光ファイバで電力供給？

　光ファイバの電力供給では、エネルギー伝送に"光"が用いられます。メタル線ではなく光ファイバで電力供給と聞くと一瞬"？"が浮かぶかもしれませんが、太陽光発電と同様の光電変換の仕組みと聞けば合点がいくでしょう。光ファイバの持つ低損失特性は長距離のエネルギー伝送にも適しています。

光ファイバ給電でできること

　光ファイバ給電で可能になることとしては、次のものが挙げられます。

①災害時・緊急時のアンテナ基地局への電力供給
　地震や台風などの災害発生時にアンテナ基地局周辺が停電した場合でも、光ファイバ給電があれば基幹通信ビルからの電力供給でアンテナ基地局を稼働し続けることができます。
　現代において災害発生時の連絡手段や情報収集にスマホ利用は欠かせません。光ファイバ給電が大きく期待される分野と言えます。

②非電化エリアでの光通信
　河川・山間部などの非電化エリアや、強電磁界や腐食などによる電化困難エリアなど、あらゆる場所へ光通信を提供可能となります。

112

[4-2] 光ファイバでの電力供給技術

③センシングネットワークの拡充

　非電化エリアでの光通信の活用例のひとつとして、いろいろなセンサをさまざまな場所に設置するセンシングネットワークの拡充が挙げられます。光ファイバ給電を利用するとセンサと基幹システム間が電気的に絶縁されるので、落雷や電磁誘導などのノイズへの耐性が高いという点でも適しています。

「入力光強度限界」という課題

　以上のように利点だらけの光ファイバ給電です。当然、現在さまざまな分野で大活躍……と言いたいところですが、まだ大々的な実用化には至っていません。光ファイバには「入力光強度限界」という制限があり大きな電力を供給できない。という課題があるためです。

　光ファイバへの入力光がある光強度(閾値)を超えると、入力光が違う成分(波長)の光に変換される現象が生じ、出力側の光強度は増加せず飽和状態となってしまいます。このときの閾値を「**入力光強度限界**」と言います。

　「入力光強度限界」は光ファイバの伝送距離が長くなるほど、また光ファイバ中の光信号を伝搬する領域(コア)が小さくなるほど低下します。このため、高速通信に適した小さなコアを有する通信用光ファイバでは、遠方に高強度の光を送ることが困難なのです。

　従来の光ファイバ給電では、「10km先」に電力供給を行おうとすると1心あたりの光給電能力は「数百mW」以下になるため、給電先に設置されたデバイスを直接駆動させるには電力不足なケースがほとんどです。

　光ファイバ給電の実用化例もいくつかありますが、バッテリーを併用して一定の電力を蓄えてから間欠的に動作させるといったものが多く、どうしても用途が限られてしまいます。

　遠方へ低損失に電力を届けることができるものの、そもそも送れる電力が小さすぎる。というのが光ファイバ給電の現状でした。

113

第4章 光の新技術

「マルチコア光ファイバ」で電力と通信速度を両立

さてここで、冒頭に述べたNTTと北見工業大学の研究グループによる成果について紹介していきます。

NTTでは「IOWN構想」(Innovative Optical and Wireless Network)の大容量光伝送基盤を実現する要素技術の1つとして「マルチコア光ファイバ」(以下、MCF)の研究開発を進めてきており、今回発表があったのもMCFを使った光ファイバ給電の研究成果となります。

現在一般的に使用されている通信用光ファイバと同じ直径の細さで4つの光の通り道(コア)を有するMCFを用い、世界最高の自己給電伝送能力を実現したとしています。

MCFを用いた光給電伝送システムの概要は(図4-2)のようになります。既存の光ファイバと同じ細さで、かつ各コアが既存光ファイバと同等の伝送特性を有するため、通常の光通信(給電を必要としない通信のみの利用)にも既存の伝送装置と組み合わせて使用できるようになっています。また、各コアが独立して(コア間での光信号の混信が生じない)使用できるため、任意のコアを給電用にも通信用にも、またあるいはその双方の同時利用に割り当てることが可能です。

今回の実証実験では、光給電量を最大とするために4コアすべてに「波長1550nm」の給電用光源を入力。さらにそのうちの2コアを用い各コアに「波長1310nm」の上り及び下り信号を割り当てることで双方向の光通信も実現しています。

また、2コアの組み合わせを2セット設定することもでき、2つの独立した通信システムを構成することも可能だとしています。

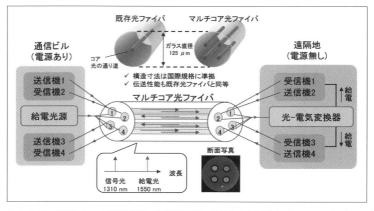

図4-2 マルチコア光ファイバを用いた光給電伝送システムの概要(NTTニュースリリースより)

[4-2] 光ファイバでの電力供給技術

「14km先」へ「1W」の電力供給に成功

　光給電能力は伝送距離と供給電力の積で表されます。今回の実験ではMCFを用いることにより単位断面積当たりの供給電力を最大化し、光給電効率の劣化要因となるシステム内の戻り光を抑制することで「14km」伝送後に「約1W」の電力を得ることに成功しています。光給電能力は「14W/km」で、これは世界トップの性能指数とのことです(図4-3)。

　さらに実験では自己給電による伝送速度「10Gbps」の双方向光通信も実証しています。「10Gbps」というと、現在一般ユーザー向けにサービス提供している光通信の最高速の伝送速度です。2コアで上り下りの1システム構成について実験を行ない、「14km」伝送後で良好な伝送特性を確認できたとのことです(図4-4)。

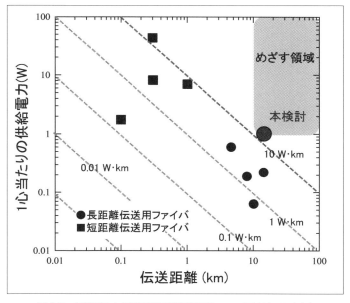

図4-3　供給電力と伝送距離の関係(NTTニュースリリースより)

第4章 光の新技術

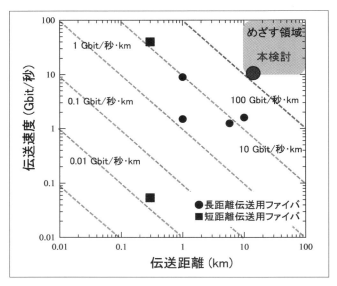

図4-4 伝送容量と伝送距離の関係(NTTニュースリリースより)

今後の展望

　今回発表された実験結果により、現在の光ファイバと同等の特性を有するマルチコア光ファイバを用いれば、通常の長距離高速光通信にも光給電型の双方向光通信にも対応できることが示されました。

　先でも述べているように光ファイバ給電にはさまざまな利点があり、特に災害発生時の通信インフラ維持には大きな威力を発揮すると期待されます。一刻も早い実用化と普及が待たれる技術です。

　研究グループでは光給電能力の更なる改善に向け、今後も産学連携による研究開発を推進していくとしており、今後の展開に要注目の分野と言えるでしょう。

[4-3] 2023年ノーベル物理学賞「アト秒パルス光」

4-3
2023年ノーベル物理学賞「アト秒パルス光」

2023年にノーベル物理学賞の授賞理由となった「アト秒パルス光」とは一体どういったものなのか。受賞した研究者はそれぞれどういった研究に携わっていたのか。紹介していきます。

「アト秒パルス光」でノーベル物理学賞

去る10月3日、2023年のノーベル物理学賞にアメリカのピエール・アゴスティーニ氏、ドイツのフェレンツ・クラウス氏、スウェーデンのアンヌ・ルイリエ氏が選出されました。受賞理由は「物質中の電子ダイナミクスを研究するためのアト秒パルス光の生成に関する実験的手法の業績」です。

とてもとても短時間の光「アト秒パルス光」

「アト秒パルス光」の「アト」は、「ミリ」や「マイクロ」などと同じく桁の大きさを表わす「SI接頭語」です。それもとても小さい桁を表わす接頭語で、ミリ→マイクロ→ナノ→ピコ→フェムト→アトの順番で出てくるものです。その桁数は「10のマイナス18乗」で、「1アト秒」は「100京分の1秒」という想像もつかない短い時間を表わしています。

そのほんの一瞬の時間だけ光る光（レーザー光）を**「アト秒パルス光」**と呼びます。

極短時間の光は何の役に立つ？

極短時間の光が何に使えるかは、カメラのシャッターで良く例えられます。

素早く動く被写体をカメラで撮影するときは、シャッタースピードが速くないとブレた被写体が写真に写ってしまいます。シャッタースピードが遅い（＝露光時間が長い）と、記録している最中にも被写体が大きく移動してしまうからです。

シャッタースピードを充分速くすれば、被写体が殆ど移動しない間に記録が終わりブレることはありません。

また、被写体に一瞬だけ光を当ててその瞬間を撮影するという手法もあります。**「ストロボスコープ効果」**と言い、高速運動する物体を観察するのに用いられ

117

第4章 光の新技術

ます。理科の教科書などにあった自由落下するボールの連続写真などもストロボスコープ効果を利用して撮影した写真です。

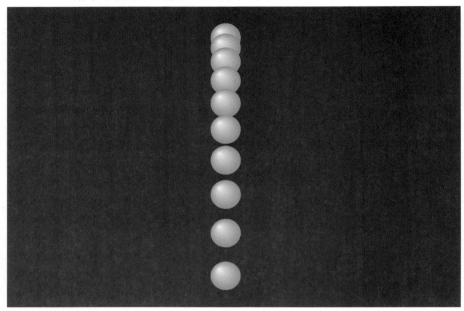

図4-5　物体の運動を1枚の写真に収めるストロボスコープ効果

　このように、とかく高速運動する物体の観測には短時間の光が重要で、観察対象が高速であればあるほどより短時間の光が必要になります。たとえば「アト秒」よりも1段階オーダーの大きい「フェムト秒パルスレーザー」が登場したときは、分子や原子の動きを追うことが可能になりました。

　それでは「フェムト秒」よりさらに短い「アト秒パルス光」の観測対象は何になるのでしょうか。ひとつの代表例は「電子の遷移」です。
　電子がとあるエネルギー状態から別のエネルギー状態へ遷移するのは本当に一瞬の出来事で、観測など不可能と思われていましたが、「アト秒パルス光」の登場により電子の遷移を細かく観測できるようになりました。

[4-3] 2023年ノーベル物理学賞「アト秒パルス光」

普通には作れない「アト秒パルス光」

　さて、この「アト秒パルス光」は一体どうやって作り出すのでしょうか。「極短時間だけ光るのであればレーザーのスイッチを素早くオンオフすればいいのかな」と思ってしまうかもしれません。

　しかし、この世でもっとも速い光でさえも「1アト秒」では「0.3nm」(原子サイズ)しか進めないようなオーダーの世界の話です。物理的なスイッチングでは時間がかかりすぎて「アト秒パルス光」には程遠いものになりそうです。

　そこで用いられるのが**光の干渉**です。高調波レーザー(整数倍の周波数をもつレーザー)を上手く干渉させると、波の合成によって一定間隔にピークが表れます。

　短波長レーザーに対して作られたこのようなピークはとても短時間のもので、まさに「アト秒」の時間だけ強く光るパルス光になるのです。このようにして「アト秒パルス光」は作られます。

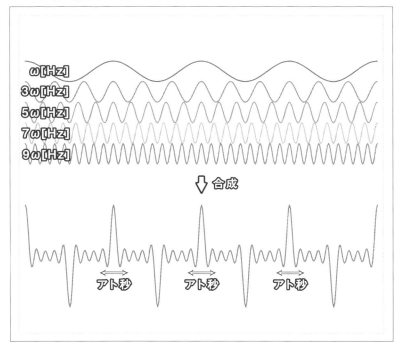

図4-6　3、5、7、9次の高調波を合成。定期的なパルスが生じる。

第4章　光の新技術

アンヌ・ルイリエ氏の功績

　続いて、受賞した3人の研究者が「アト秒パルス光」へどのように関わっていたのか見ていきましょう。まずはルイリエ氏の功績から。

　1987年、ルイリエ氏はイオン化した「貴ガス」(アルゴンやクリプトン)に赤外線レーザーを照射する実験を行なっていたところ奇妙な現象を発見します。

　貴ガスにレーザーを照射すると貴ガスの原子からは新たな光(高調波)が放出されるのですが、通常そこで放出される光は周波数が高くなると(次数が上がると)強度は下がっていくのが一般的です。
　ところが、とても強い赤外線レーザーを用いると、大きい奇数倍の高次高調波のパルス光が放出され、しかも周波数倍率が「5〜33倍」の範囲にかけては次数が上がっても光の強度が下がらずほぼ一定のまま推移するという不思議な領域(プラトー)を持つことが発見されたのです。

　波長の短い高次高調波レーザーはパルス幅も短いはずだし、周波数の高い高次高調波でも光の強度が損なわれないため、上手く使えば必ず凄いことになると、「プラトー」の発生原理について研究が進められました。

ピエール・アゴスティーニ氏の功績

　アゴスティーニ氏は1979年に**「超閾イオン化」**という現象を見つけており、これが「プラトー」の発生原理を解明するのに一役買っています。また1994年には「RABBIT法」と呼ばれるパルス光の取り出し方法と時間測定に関する重要な基盤を築き、「アト秒」を物理学として扱う下地を整えていきました。アゴスティーニ氏はこの分野の第一人者と言えるでしょう。

　そして2001年、アゴスティーニ氏の研究グループは高強度フェムト秒パルスをアルゴンガスに集光して高次高調波を発生させ、「2波長2光子干渉法」を用いてアルゴンから放出される「250アト秒」の連続パルス取り出しに成功。それまでの研究成果により実証もしっかりとなされ、「アト秒パルス光」として報告されました。

[4-3] 2023年ノーベル物理学賞「アト秒パルス光」

フェレンツ・クラウス氏の功績

クラウス氏の研究グループもパルス光の研究を続けてきており、アゴスティーニ氏と同じ2001年に、数サイクルの高強度フェムト秒パルスをクリプトンガスに集光することで、「650アト秒」の「単一アト秒パルス光」の発生に成功しています。

アゴスティーニ氏の研究グループよりもパルス幅は長いですが、単一パルス光であることが大きな功績となっています。

「アト秒」物理学はこれからも大きく進歩する

以上、ノーベル物理学賞の受賞理由となった「アト秒パルス光」について駆け足で紹介してきました。「アト秒」物理学は進歩が著しく、2017年には「43アト秒」と大幅に短くなったパルス光生成にも成功しています。

「化学反応は電子のやり取りである」とも言われていますが、その電子の動きを観測できる「アト秒」物理学は、化学、エレクトロニクス、医療などあらゆる科学技術分野での活用が考えられます。今後も続けて注目していきたい分野ですね。

121

第**4**章 光の新技術

4-4
高指向性オプティクスフリー深紫外LED

　殺菌や光通信への活用が期待される「深紫外LED」の普及に大きく寄与するであろう新技術「高指向性オプティクスフリー深紫外LED」を紹介します。

深紫外LEDの効率、生産性を高める新技術

　国立研究開発法人情報通信研究機構（以下、NICT）の研究グループは2023年11月1日、ナノ光構造技術により光の配光角を制御し、極めて高い指向性を有する「オプティクスフリー深紫外LED」の開発に世界で初めて成功したと発表しました。

　「深紫外LED」の安全性、効率性、生産性を飛躍的に高める技術として期待されます。

　ここでは、「深紫外LED」とは一体どういうものなのか、今回の新技術でどのような成果が期待できるのかなどを紹介していきたいと思います。

波長280nm未満の光

　「深紫外LED」は、いわゆる**「紫外線」(Ultraviolet：UV)**の光を発するLEDです。紫外線は生物に害のある光ということが知られていますが、生物に与える影響の強さを基準に波長の長いほうから「UV-A」「UV-B」「UV-C」といったランク分けがなされています。

　波長が短いほど生物への侵害性が強くなり、特に「波長280nm未満」の「UV-C」はその侵害性の強さから殺菌灯などにも用いられています。

　「UV-C」の領域の紫外線は「深紫外線」（Deep Ultraviolet：DUV）とも呼ばれ、この領域の光を発するものが「深紫外LED」です。

深紫外線の用途

　深紫外線の用途としてまず挙げられるのが、先でも少し触れたウイルスや細菌の不活性化、つまり殺菌です。紫外線殺菌装置は昔から実用化されていますね。

122

[4-4] 高指向性オプティクスフリー深紫外LED

　深紫外線の光源として従前より水銀ランプが用いられていましたが、人体や環境に有害な水銀を規制する国際的な取り組みのため、水銀ランプに変わる「深紫外LED」への注目が高まっています。

　その他には光無線通信の光源という用途もあります。太陽光に含まれる深紫外線は成層圏のオゾン層ですべて吸収され地上には降り注いでおらず、深紫外線は自然界に存在しない「ソーラーブラインド領域」の光とも呼ばれています。そのため太陽光による背景ノイズの影響を受けない光無線通信の光源として、深紫外線の活用が期待されているのです。

　NICTでは「深紫外LED」を用いた光無線通信の研究も以前より進めており、2023年6月には日中・屋外でかつ"見通し外"の環境下において、最大「80m」の距離で「1Mbps以上」の光無線通信に成功したとの発表もされています(図4-7)。

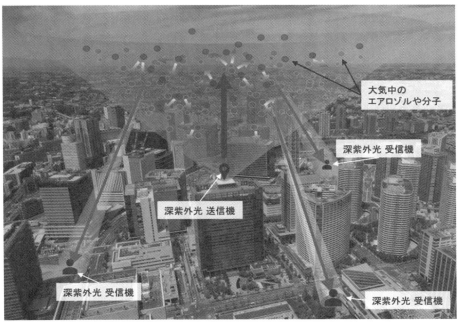

図4-7　大気中のエアロゾルの散乱を利用した見通し外の「深紫外LED」光無線通信
(NICTプレスリリースより)

第4章 光の新技術

深紫外LEDは高指向性が求められる

深紫外線は人体へも有害なため、空間の殺菌や自由空間光通信用途での実用化の際には、人体等への安全性を確保するために、必要な箇所だけに選択的に深紫外光を照射する技術が求められます。

一般にLEDから放射される光は全方位に拡散されるので、一定方向にのみ強く照射（高指向性）したい場合は、外部取付のレンズや光学部品を用いて光の配光角を制御します。

しかし、「深紫外LED」の場合、一般的な光学ガラスレンズでは深紫外光を吸収してしまうため、深紫外域で透明性の高い高純度の「合成石英レンズ」を用いる必要がありました。このためシステム全体のコストが極めて高くなってしまう問題があったのです。

「深紫外LED」を用いた殺菌や通信応用の今後の普及を見据えると、高コストのレンズや光学部品を使用せずに、「深紫外LED」チップ単体で配光角を制御でき、照射が必要な箇所のみに安全性高く、高強度の深紫外光を効率的に照射できる技術の創出が求められていました。

光学部品ナシで配光角の制御に成功

以上の経緯のもとに開発されたのが、今回NICTより発表のあった「高指向性オプティクスフリー深紫外LED」です。

ナノ光構造技術を用い、「窒化アルミニウム（AlN）光出射面」に形成したナノオーダーの「位相型フレネルゾーンプレート構造」と、「窒化アルミニウムガリウム（AlGaN）マイクロLED構造」を組み合わせることで、光学レンズを用いることなく、光放射をビーム形状に変換した"高指向性"深紫外LEDを実証できたとのことです（図4-8、4-9、4-10）。

[4-4] 高指向性オプティクスフリー深紫外LED

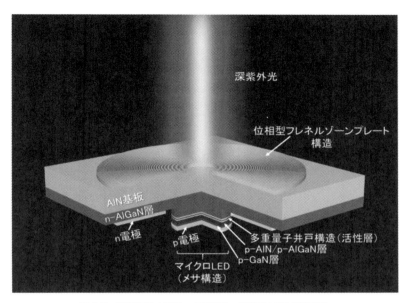

図4-8 高指向性オプティクスフリー深紫外LEDの模式図。
単体のプレートからビーム形状の光が放射される(NICTプレスリリースより)

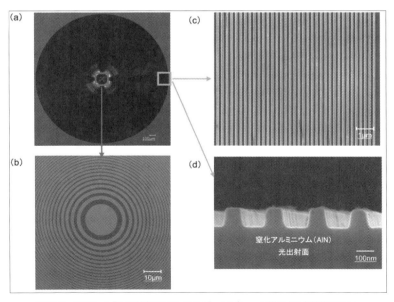

図4-9 作製した「AlN位相型フレネルゾーンプレート構造」の全体像(a)と、
各部の電子顕微鏡写真(b)(c)(d)(NICTプレスリリースより)

第4章 光の新技術

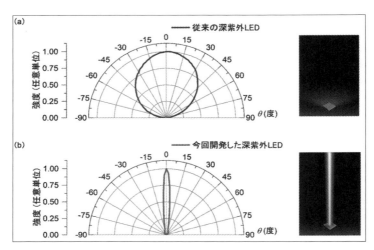

図4-10 配光特性の測定結果比較。ビーム形状の極めて指向性の高い配光特性が分かる
（NICTプレスリリースより）

また、本構造は「深紫外LED」の光取出し効率の向上にも有効で、配光角を制御できると同時にその光出力を「約1.5倍」にする効果があることも明らかになりました。

指向性が向上し出力も向上する、まさに一石二鳥の新技術だったのです（図4-11）。

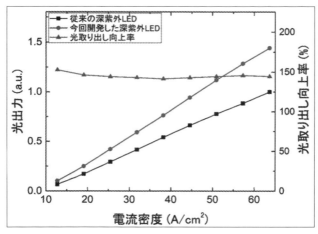

図4-11 従来LEDと新開発LEDの注入電流密度に対する光出力の比較。どの電流量でも約1.5倍を達成している（NICTプレスリリースより）

[4-4]高指向性オプティクスフリー深紫外LED

今後の展望

　今回の成果は、高コストのレンズや光学部品を用いることなく、通常、全方位に広がってしまう「深紫外LED」の配光角を極めて狭角に制御できることを示した世界初の実証例でした。

　殺菌から医療、センシング、環境、光加工、ソーラーブラインド光無線通信応用など、多岐にわたる分野において「深紫外LED」を活用した光システムの応用の幅を広げ、その安全性、効率性、生産性を飛躍的に高める技術として期待されます。

　NICTでは今後、本技術を用いることで、表面や空間中の細菌・ウイルスをより安全かつ効果的に不活性化するシステムや、太陽光下の屋外環境でも安全・超高速・低ノイズに通信可能な光無線通信システム等の実現を目指していくとのことです。

第**4**章　光の新技術

4-5
日亜化学レーザーダイオード技術者がアカデミー科学技術賞を受賞

　日亜化学のレーザーダイオード技術者がアカデミー科学技術賞を受賞しました。受賞理由となったレーザーダイオードはどういった技術なのでしょうか。

レーザーダイオード技術者へアカデミー科学技術賞

　2024年1月、日亜化学工業株式会社(以下、日亜化学)は同社のレーザーダイオード技術者5名が、映画芸術科学アカデミーが主催するアカデミー賞よりアカデミー科学技術賞を受賞したと発表しました。

　アカデミー科学技術賞は映画界に貢献した重要な技術を生み出した企業・技術者に対して贈られる賞で、映画館用レーザープロジェクションシステムに搭載される青色/緑色レーザー光源の開発に携わり、レーザープロジェクションシステムの普及に貢献したことが認められての受賞とのことです。

レーザーダイオードとは

　今回の授賞理由になった**レーザーダイオード**はどういった技術なのでしょう。「レーザー」と「ダイオード」についてちょっと深掘りしていくことにします。

●**ダイオード**
　まず**ダイオード**について。
　ダイオードとはp型半導体とn型半導体をくっ付けた「pn接合」をもつ半導体素子です。
　順方向に電流を流すとpn接合部で電子と正孔の再結合が起き、その時余ったエネルギーが光や熱として放出される性質をもっています。
　放出される光の波長は半導体材料の**「バンドギャップ」**(電気の通しにくさ)によって決まり、ちょうど可視光付近の波長を出すバンドギャップの半導体材料で作られたダイオードを**「発光ダイオード」**(LED)と呼びます。

128

[4-5]日亜化学レーザーダイオード技術者がアカデミー科学技術賞を受賞

●レーザー

次にレーザーについて。

英語で書くと「LASER」は「Light Amplification by Stimulated Emission of Radiation」(誘導放出による光増幅放射)の頭文字を取ったものです。レーザーではこの「誘導放出」という現象がキモとなります。

先のダイオードの話では電子と正孔の再結合で発光するという流れでした。こうして自然に再結合して発光する現象を「自然放出」と呼びます。

一方で電子と正孔の周りに光子があると、光子の影響を受けて再結合がより促されます。

このように、外部の光に促されて再結合し発光する現象を誘導放出と呼びます。

誘導放出された光はトリガーとなった光とまったく同じ位相/方向を持つという特性があります。そうして誘導放出された光がまた別の誘導放出を促す……ということが繰り返され、同位相/同方向の光がどんどん強まったものをレーザーと呼ぶのです。

発光ダイオードとレーザーダイオードの違い

発光ダイオードとレーザーダイオードでは、再結合して発光というメカニズム自体は同じです。違う点は、発光ダイオードは自然放出のみで発光し続けますが、レーザーダイオードでは誘導放出が必要です。

誘導放出を起こすにはpn接合部(活性層)に光を充満させなければなりません。

そこで、レーザーダイオードは対面で光を反射し続ける仕組み(共振器)を備えており、光を反射し続けて一定方向の誘導放出を強く促す設計となっています。

この光を反射する共振器の有無が、レーザーダイオードと発光ダイオードのもっとも大きな違いです。

129

第4章 光の新技術

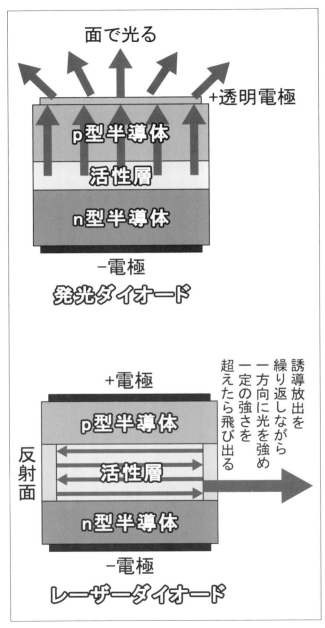

図4-12 発光ダイオードとレーザーダイオードの違い。

[4-5]日亜化学レーザーダイオード技術者がアカデミー科学技術賞を受賞

レーザーダイオードの光の特徴

　レーザーダイオードの光には次のような特徴があります。

①指向性が高い

　光が広がらず、ほとんど一直線に進みます。一ヵ所に集中するので明るい光です。

②光のスペクトルが狭い

　単一の波長しか持たないので、単色性に優れています。

③位相が揃っている

　位相の揃った光なので可干渉性があり、さまざまな応用が考えられます。

　これらの特徴により、記録媒体や通信、映像機器など幅広い分野でレーザーダイオードが活用されています。

レーザーダイオードをプロジェクターに使う利点

　レーザーダイオードはプロジェクターの光源として用いられます。レーザーダイオードをプロジェクターの光源に使うと、次のような利点があります。

①明るくてコントラストの高い映像

　レーザーダイオードの光はとても強く、映像も明るくなります。プロジェクターでは光の強さがそのままコントラストの高さにも直結します。

②とても色鮮やか

　映像の色は光源の色に強く左右されます。光は光の三原色（赤、緑、青）に分解できますが、レーザーダイオードであれば単色性の高い純粋な赤、緑、青のレーザー光を作れます。その純粋な光を合成して表現される色はとても色鮮やかです。

　このようなレーザーダイオードを用いたプロジェクターが普及したことで、映画鑑賞体験のレベルが引き上げられてきました。

131

第4章 光の新技術

日亜化学の貢献

　日亜化学といえば、青色発光ダイオードを世界で初めて量産した企業として有名です。日亜化学の開発した青色/緑色レーザーダイオードは、現在多くのレーザープロジェクションシステムに採用されているとのことです。

　プロジェクターのレーザー光源には長期信頼性、高発光効率、高色域を実現する波長制御など、非常に高い品質を要求されますが、日亜化学のレーザーダイオードはこれらの品質要求を高いレベルでクリアし、多くの製品に採用され、レーザープロジェクションシステムの普及に貢献したことが評価されて今回の受賞に繋がったとしています。

　なお、日亜化学のレーザーダイオード技術は家庭向けプロジェクター「JMGO N1シリーズ」にも搭載されています。アカデミー科学技術賞受賞の片鱗を家庭でも味わえるかもしれません。

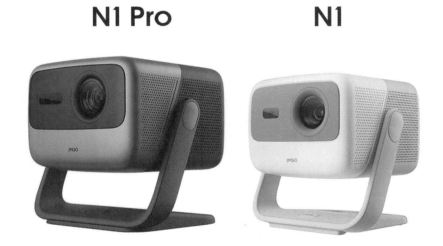

図4-13　日亜化学の3色レーザーダイオードが用いられている「N1シリーズ」(JMGO)

第5章 最新科学技術にアンテナを張ろう

　本書では2023年から2024年にかけて発表のあった科学技術のニュースを20件強ほどピックアップして紹介してきました。みなさんの興味を引いた技術はいくつかあったでしょうか。

　これをきっかけに、さまざまな最新科学技術の情報に触れていってもらえたらと思いますが、そこで問題になるのが、どこで科学技術の最新情報を得れば良いのかという点です。

　ここでは、本書の締め括りとして、科学技術情報を収集するのに便利なWebサイトなどを紹介します。

科学系ニュースサイト

　科学系ニュースサイトは、科学に関する情報を幅広くチェックしたいときに便利です。

●Science Portal - 科学技術の最新情報サイト「サイエンスポータル」

　国立研究開発法人科学技術振興機構（以下、JST）が運営する科学技術の最新情報を提供する総合Webサイトです。日々の科学ニュースや各分野の専門家による意見・レポート、各大学・研究機関が発表するプレスリリースといった情報が充実しています。

　国立研究開発法人だけあって、国内の研究機関や大学の情報を中心に扱っています。

図5-1　サイエンスポータル（https://scienceportal.jst.go.jp/）

第5章 最新科学技術にアンテナを張ろう

●ナショナルジオグラフィック日本版

　世界的に有名なビジュアル・マガジン「ナショナルジオグラフィック」のWebサイトで、科学、自然、文化など、世界中からのさまざまな分野の興味深い記事がたくさん掲載されています。

図5-2　ナショナルジオグラフィック（https://natgeo.nikkeibp.co.jp/）

国立研究機関系Webサイト

　多くの国立研究機関のWebサイトでは、科学技術振興のために分かりやすい記事が掲載されていたり、さまざまな研究成果のリリースが掲載されています。

●国立研究開発法人理化学研究所（理研）

　理化学研究所（以下、理研）は、日本で唯一の自然科学の総合研究所として、物理学、工学、化学、数理・情報科学、計算科学、生物学、医科学などに及ぶ広い分野で研究を進めている研究機関です。

　Webサイトの研究成果一覧からはさまざまな分野に及ぶ数多くの研究成果を閲覧できるほか、広報活動のコーナーでは理研の活動や研究成果をより多くの人に届けるための読み物やコンテンツが充実しています。年4回発行の広報誌「RIKEN NEWS」もバックナンバー含めてPDFで閲覧可能です。

国立研究機関系Webサイト

図5-3　理研(https://www.riken.jp/)

●国立研究開発法人産業技術総合研究所(産総研)

　産業技術総合研究所(以下、産総研)は、全国12か所に研究拠点を置く、日本に3組織しかない特定国立研究開発法人のひとつです。幅広い分野で世界最高水準の研究開発を行なっています。さまざまな企業や大学との共同研究も数多く手掛けており、サイト内の研究成果記事一覧には「2,700件」を超える研究成果が並んでいます。

　また、Webサイトでは研究成果を閲覧するだけでなく、産総研の取り組んだ研究や製品事例などを分かりやすく解説した「産総研マガジン」、子供向け科学技術コンテンツ「さんそうけんサイエンスタウン」などを展開。科学技術振興に一役二役買っています。

図5-4　産総研(https://www.aist.go.jp/)

135

第5章 最新科学技術にアンテナを張ろう

●国立研究開発法人科学技術振興機構(JST)

　先の「サイエンスポータル」の運営機関でもあるJSTは、科学技術に関する幅広い分野の研究開発を支援する国立研究開発法人です。「新たな価値の創造」「イノベーションの創出」「科学技術と社会のつながり」「科学技術の継続的な発展」を旗印に、文字通り科学技術の振興に貢献しています。

　Webサイトでは数多くの事業成果を閲覧できるほか、「JSTnews」という広報誌が毎月刊行されており、最新の科学技術・産学官連携・理数教育などのニュースが分かりやすく紹介されています。

図5-5　JST (https://www.jst.go.jp/)

●大学共同利用機関法人 情報・システム研究機構 国立情報学研究所(NII)

　国立情報学研究所(以下、NII)は、情報学の基礎論から、人工知能、ビッグデータ、IoT (Internet of Things)、情報セキュリティといった最先端のテーマまで、長期的な視点に立つ基礎研究や社会課題の解決を目指した実践的な研究を推進する学術総合研究所です。

　Webサイトで刊行されている広報誌「NII Today」では、情報学研究の最先端を分かりやすく解説してくれています。

図5-6　NII. (https://www.nii.ac.jp/)

企業研究所系Webサイト

●宇宙航空研究開発機構(JAXA)

　日本の宇宙開発研究のトップ機関でもある宇宙航空研究開発機構(以下、JAXA)は、宇宙科学・宇宙航空技術の研究成果を確認できるほか、宇宙で観測したさまざまなデータが無償公開されています。

　また、JAXAの広報Webサイト「ファン！ファン！JAXA！」を展開。定期刊行される機関紙「JAXA's」ではJAXAの活動が分かりやすく解説されています。

図5-7　JAXA (https://www.jaxa.jp/)

企業研究所系Webサイト

　日本国内の企業はお抱えの研究所を立ち上げているところが少なくなく、"企業名＋研究所"などで検索するとヒットすることが多いです。企業研究所のWebサイトでは、これからの製品開発に繋がる新技術の研究成果や研究への取り組み、技術の分かりやすい解説などが公開されていることが多いです。

●NTT R&D Website

　日本のネットワーク技術の最先端を担っていると言っても過言ではないのが、NTTの研究開発です。最先端の光通信技術、次世代情報ネットワーク基盤、環境エネルギーなど、社会の発展に繋がる研究開発を数多く行なっています。

図5-8　NTT (https://www.rd.ntt/)

第5章 最新科学技術にアンテナを張ろう

●富士通

スーパーコンピューター「富岳」を擁する富士通の研究所は、コンピューティング技術、ネットワーク技術、AI、データセキュリティ技術に秀でた研究所です。

Webサイトでは未来をつくる研究開発の今を記事や動画で発信しており、身近なテクノロジーを紹介する「やさしい技術講座」といった振興活動も丁寧に行なわれています。

図5-9　富士通(https://www.fujitsu.com/jp/about/research/)

●トヨタ中央研究所

トヨタは、言わずと知れた世界的な自動車メーカーですが、その研究所では材料科学、ロボット、半導体、AI、人間科学、環境エネルギーなど幅広い研究が行なわれています。

Webサイトではそれらの最新研究成果の発表や、研究の取り組みを解説しています。

図5-10　トヨタ中央研究所(https://www.tytlabs.co.jp/)

世界的権威ある学術賞も要チェック

世界には、科学技術の発展に貢献した研究に贈られる学術賞が数多くあります。これらの学術賞の多くはすでに功績を残している研究に贈られることが多いため最新技術が知れるというものではありませんが、自分が知らなかったさまざまな科学技術を知るいい機会になります。チェックしておきたい学術賞をいくつか紹介しておきましょう。

●ノーベル賞

言わずと知れた世界でもっとも権威ある学術賞です。

科学技術分野としてはノーベル物理学賞やノーベル化学賞などが該当します。毎年10月に受賞者が発表され、12月に授賞式が行なわれます。

https://www.nobelprize.org/

●ウルフ賞

発明家のリカルド・ウルフが1975年にイスラエルに設立したウルフ財団によって授与される学術賞です。受賞部門は農業、化学、数学、医学、物理学、芸術の6つで、物理学部門と化学部門はノーベル賞に次いで権威のある賞と言われることもあります。

毎年2月に受賞者が発表され6月に授賞式を行いますが、部門によっては該当者なしのこともあります。

https://wolffund.org.il/home-page/

●IEEE賞

電気・電子工学分野における世界最大の専門家組織であるIEEE（米国電気・電子技術者協会）は、さまざまな分野ごとに賞を授与しており、その分野における最高の栄誉の1つとされています。

中でももっとも権威のある賞は「IEEE栄誉賞」（IEEE Medal of Honor）で、毎年1名、電気電子工学分野における卓越した貢献に対して贈られます。日本人では江崎玲於奈氏、関本忠弘氏が受賞しています。

その他、特定の製品や技術が開発されてから一定の期間が経過し、その技術が歴史的に重要な貢献を果たしたと認められた場合に贈られる「IEEEマイルストーン賞」も権威ある賞で、日本からは「QRコード」や「トヨタプリウス」などが受賞しています。受賞者発表や授賞式の日程は不定期です。

https://corporate-awards.ieee.org/

第**5**章 最新科学技術にアンテナを張ろう

●ブレイクスルー賞

自然科学の基礎研究において顕著な功績のあった人に贈られる賞で、Google
の共同創設者やFacebookの創設者らによって2013年に創設された学術賞です。

基礎物理学、生命科学、数学の3部門からなっており、毎年9月に受賞者が
発表され、翌年4月に授賞式が行なわれます。

https://breakthroughprize.org/

●ACM A・M・チューリング賞

計算機科学分野の国際的な学会であるACMが、計算機科学分野における「永
続的な重要性をもつ主要な業績」に対して毎年授与している賞です。理論計算
機科学や人工知能の重要な創始者とされるアラン・チューリング氏の名に由来
しています。

計算機科学の分野における最高の栄誉とされ、"計算機科学のノーベル賞"と
広く認識されています。毎年春に受賞者が発表され、秋に授賞式が行なわれます。

https://amturing.acm.org/

●京都賞

科学技術や思想・芸術の分野で顕著な功績をあげた人に贈られる国際的な賞
で、1984年に京セラ創業者である稲盛和夫氏によって創設されました。先端
技術部門、基礎科学部門、思想・芸術部門の3部門で毎年受賞者が選出されます。

毎年6月に受賞者が発表され、11月に授賞式が行なわれます。

https://www.kyotoprize.org/

*

以上、最新の科学技術情報をインプットするのに役立つWebサイトをいく
つか紹介してみました。

科学技術情報というと専門知識を要する小難しいコンテンツばかりかと思い
きや、研究プレスリリースは噛み砕いて解説しているものも多く、またもっと
興味深く学べるように、しっかりとした科学振興コンテンツを掲載している
Webサイトも少なくありません。

本書を読んでさらなる知識欲が湧いてきたら、いろいろなWebサイトを巡っ
て最新科学技術を楽しくインプットしていきましょう！

索引

数字

3Dプリント技術 …………………… 90
5G ………………………………… 37
6G ……………………………… 14,87

アルファベット

〈A〉
ACM　A・M・チューリング賞 ……… 140

〈B〉
Butler Matrix ……………………… 50
Butler回路 ………………………… 50

〈C〉
C9-DNBDT ………………………… 22
ConceptBeam ……………………… 54

〈D〉
Dフリップフロップ ………………… 23

〈E〉
EIRP ……………………………… 69
e-waste …………………………… 20
e-テキスタイル …………………… 92

〈F〉
FEEL TECH ……………………… 15

〈H〉
HAMR ……………………………… 25
HDD ……………………………… 30

〈I〉
ICP-MS …………………………… 23
IEEE賞 …………………………… 139
InP HBT …………………………… 60
InP-HEMT ………………………… 67
InP-IC ……………………………… 60
IOWN構想 ……………………… 7,114

〈J〉
JAXA …………………………… 137
JST ……………………………… 136

〈L〉
LED ………………………… 110,128

〈M〉
MAMR ……………………………… 25
MAS-MAMR ……………………… 29

141

索 引

〈N〉

NII ································· 136
NTT R&D Website ················· 137

〈O〉

OAM多重電動 ······················ 48

〈P〉

PD ·································· 110
PhC2-BQQDI ······················ 22

〈Q〉

QAM ································ 49

〈R〉

RFIDタグ ·························· 20

〈S〉

Science Portal ···················· 133
SpeakerBeam ······················ 55

〈T〉

TTTV3 ····························· 17

〈U〉

UVテープ ······················ 101,122

〈W〉

WDM ······························· 47

五十音順

〈あ行〉

あ アクチュエーションデバイス ········· 14
アト秒パルス光 ···················· 117
穴型アンカー構造 ··················· 34
アンカー構造 ······················ 33
アンテナIC一体型APAA方式 ········· 69
い 生きた皮膚 ························ 31
移送型フレネルゾーンプレート構造···· 124
医療用センサ ······················ 20
インジウム・リン系ヘテロ結合バイポーラ
トランジスタ技術 ··················· 60
インバータ ························ 23
う ウェアラブルデバイス ··············· 91
宇宙航空研究開発機構 ··············· 137
埋込フォトダイオード ··············· 109
ウルフ賞 ·························· 139
え エナジーハーベスト技術 ············· 92
エミー賞 ·························· 109
エントロピー ······················ 72

〈お〉

お オプティクスフリー深紫外LED ········ 122
折紙シート ························ 79
音源分離技術 ······················ 54

〈か行〉

か カーボン ·························· 19
カーボンニュートラル ··············· 7
概念フィルタ ······················ 55
科学技術振興機構 ··················· 136
き 貴ガス ···························· 120
気相 ······························· 10
軌道角運動量 ······················ 48
キャッチ・アンド・リリース ········· 100
嗅覚 ······························· 18
京都賞 ···························· 140
共鳴型MAMR ······················ 29
く グラフェン ························ 99
クリーンエネルギー ················· 9
光合成 ···························· 7
こ 高指向性 ·························· 122
高集積CMOS-IC ···················· 60
構造色 ···························· 105
高速データ伝送 ···················· 59
高調波レーザー ···················· 119
国立情報科学研究所 ················· 136

〈さ行〉

さ サイエンスポータル ················· 133
サブテラヘルツ帯 ··············· 48,64
酸化銀 ···························· 95
酸化グラフェン ···················· 74
酸化ニッケル ······················ 10
酸化モリブデン ···················· 95
産業総合研究所 ···················· 135
し 紫外線 ···························· 122
資源 ······························· 21
自己折り ·························· 79
触覚 ······························· 15
シリコンゴム ······················ 32
人工光合成 ························ 7
深紫外LED ························ 122
す ストロボスコープ効果 ··············· 117
せ 正孔輪輸送 ························ 93
生体組織 ·························· 106
整流ダイオード ···················· 72
遷移金属カルコゲナイド ············· 99
センシングデバイス ················· 16
ソーラーブラインド領域 ············· 123

索　引

〈た行〉

た 第5世代移動通信方式 ……………………37
　　ダイオード …………………………… 128
ち 窒化アルミニウム光出射面 ………… 124
　　窒化ガリウム ……………………10,70
　　チャネルボンディング装置 ……………65
　　超閾イオン化 ……………………… 120
　　超薄型有機太陽電池 ……………………91
　　直接接合型周期分極反転ニオブ酸リチウム導波路 ……46
　　直交振幅変調 ……………………………49
て ディスポーザブルエレクトロニクス ……21
　　テラヘルツ波吸収体 ……………………85
　　電子回路 ………………………………19
　　電子ごみ ………………………………20
と 透過型メタサーフェス ……………………36
　　等価等方射電力 ……………………………69
　　トヨタ中央研究所 ………………… 138

〈な行〉

な ナショナルジオグラフィック ……………134
に 二酸化モリブデン ………………… 102
　　二次元材料テープ ……………………96
　　日亜化学 …………………………… 132
　　ニッケルシン無電解めっき膜 …………89
　　入力光強度限界 …………………… 113
　　人間拡張基盤 ……………………………13
ね 熱アシスト磁気記録 ……………………25
　　熱収縮性 …………………………………79
の ノーベル賞 ………………………… 139
　　ノーベル物理学賞 ………………… 117

〈は行〉

は 波長分割多重化技術 ……………………47
　　バイオミナラリゼーション ………… 106
　　バイオミネラル液晶 ……………… 104
　　廃棄物 …………………………………21
　　培養皮膚 …………………………………31
　　発光ダイオード …………………110,128
　　パラレルデータ ………………………23
　　バリレン絶縁層 …………………………22
　　パワーアンプ回路 ………………………61
　　半導体光触媒電極 ………………………10
　　バンドギャップ ………………… 128
ひ ビームフォーミング ……………………59
　　光アイソレータ ………………………72
　　光パラメトリック増幅器 ………………43
　　光ファイバ ………………………… 112
　　光量子コンピュータ …………………43
　　光量子プロセッサ ……………………43

〈ま行〉

ま マイクロ波アシスト磁気記録 ……………25
み 味覚 ………………………………………13
　　ミリ波 …………………………………36
む 無線デバイス ………………………………64
め メタバース ………………………………18

〈や行〉

ゆ 有害物質 …………………………………21
　　有機半導体材料 …………………………22
　　誘導結合プラズマ質量分析法 …………23
　　誘導放出による光増幅放射 ……… 129

〈ら行〉

ら ラチェット機構 …………………………73
　　乱雑振動エネルギー ……………………78
り 理化学研究所 ……………………… 134
　　力学極性ゲル …………………………72
　　リサイクル ………………………………21
　　量子コンピュータ ……………………43
　　量子テレポーテーション回路 …………44
　　量子もつれ状態 ………………………44
　　リン化インジウム ……………………70
　　リン化インジウム高電子移動度トランジスタ ……67
　　リングオシレータ ……………………23
れ レーザー ……………………………… 129
　　レーザーダイオード ……………… 128
ろ 六方晶窒化ホウ素 ………………………99
　　ロボット …………………………………31

皮膚支帯 ……………………………………34
ヒューマノイド ……………………………31
ふ ファンデルワールス力 ………………… 100
　　フェムト秒パルスレーザー …………… 118
　　フォトダイオード ………………… 110
　　フォトニック材料 ………………… 104
　　富岳 ………………………………… 138
　　富士通 ……………………………… 138
　　プラッタ …………………………………26
　　プラトー …………………………… 120
　　フルオロアパタイト ……………… 104
　　ブレイクスルー賞 ………………… 140
ほ ポリイミドフィルム基板 …………………22

143

《著者略歴》

勝田　有一朗（かつだ・ゆういちろう）

1977年　大阪府生まれ
「月間I/O」や「Computer Fan」の投稿からライターをはじめ、現在に至る。
現在も大阪府在住。

[主な著書]

「今知りたい科学の進歩─最新の科学技術はここまできた─」
「自宅ネット回線の掟」
「マザーボード教科書」
「コンピュータの新技術」
「PC[拡張]＆[メンテナンス]ガイドブック」
「理工系のための未来技術」
「「USB TypeC」の基礎知識」
「Lightworksではじめる動画編集」「はじめてのVideoStudio X9」
「逆引き AviUtl動画編集」「はじめてのPremiere Elements12」
「スペックを"読む"本」「コンピュータの未来技術」
「はじめてのMusic Maker MX」「はじめてのTMPGENC」
「わかるWi-Fi」(以上、工学社)ほか

[共著]

「格安パソコンを自作するためのジャンクパーツ見極めと修理の極意」
「パソコン部品の基礎知識──規格・性能と部品の選び方」
「WiMAX Wi-Fi 無線ネットワーク」「超カンタン！ Vista」
「パソコン自作手帳」(以上、工学社)ほか

本書の内容に関するご質問は、
①返信用の切手を同封した手紙
②往復はがき
③E-mail　editors@kohgakusha.co.jp
のいずれかで、工学社編集部あてにお願いします。
なお、電話によるお問い合わせはご遠慮ください。

サポートページは下記にあります。

[工学社サイト]
http://www.kohgakusha.co.jp/

I/O BOOKS

よくわかる日本の最新科学ニュース
研究者たちの挑戦と発見をみてみよう

2024年9月30日　初版発行　ⓒ2024	著　者　勝田　有一朗
	発行人　星　正明
	発行所　株式会社工学社
	〒160-0011　東京都新宿区若葉1-6-2 あかつきビル201
	電話　(03)5269-2041(代)[営業]
	(03)5269-6041(代)[編集]
※定価はカバーに表示してあります。	振替口座　00150-6-22510

印刷：(株)エーヴィスシステムズ

ISBN978-4-7775-2281-1